英雄之書。

Book for —— Heroes

觸動日本
成千上萬
年輕人、
改變自我
的人生開創法則。

黑川 伊保子——著
李 貞慧——譯

現在就開始人生的旅程吧！

你就是英雄。

……勇於飛蛾撲火吧。

前言

勇於飛蛾撲火

聽說義大利人對於即將進試場考試或上場參加比賽的人，都會用這一句話激勵他——

In bocca al lupo！[01]

這句話的意思就是要勇於飛蛾撲火。

舉個例子來說，假設足球比賽中我隊率先攻下一分，後來卻被敵隊要了回去。

這種時候義大利人就會血脈賁張，覺得「好戲終於上場了」，積極地「勇於飛蛾撲火」。

這是因為對他們來說，比賽就是「得分、失分、再把得分要回來」的過程，而不是「只要得分」就好。

我最喜歡的世界摩托車大賽義大利籍車手瓦倫鐵諾・羅西（Valentino Rossi）也一樣。

一馬當先時他總是表現得很冷靜，可是當對手非常巧妙地竄出來超越他時，旁觀者都可以很明顯地感受到他全身傳達出「YES!」的喜悅，彷彿還隱約可以聽到他的喃喃低語聲，「好戲終於要開始了」。

01 編註：義大利文，直譯為「在狼的嘴裡」之義，用來替面臨危險或挑戰的人加油打氣，能勇敢地面對，祝福他人能趨吉避凶，本書詮釋譯作「飛蛾撲火」。

每當這種時候他也是勇往直前，果決地飛蛾撲火。他操控著時速高達三百四十公里的重機逼近對手的車，二車相距只有幾公分，然後在車縫中競逐爭先，展現出堅強不退縮的意志力——他完全樂在其中。

其實，賽後羅西在接受採訪時也面露微笑地表示，「這是一場痛快的比賽，實在太爽快了！比賽就是要有這種張力才有趣」。就算比賽輸了他也這麼說。

比賽在對手把分數要回去時才算開始。

被超車時，賽車比賽才正要開始。

能這麼想的人很堅強。

如果在對手把分數要回去時，自己心中就浮現「輸了」的念頭，自己就會動搖，彷彿就像比賽已經結束一樣。這麼一來，就會連續失分，比賽也就真的宣告結束了。

運動賽事也好賽車也罷，只要選手本人覺得「輸了」，那一瞬間一切就已畫下句點。

人生也一樣。

日本人認為「失敗」的事件，其實幾乎都是「老天爺為了讓人生充滿戲劇張力的安排」。同樣一件事，稱之為「失敗」，和抱持著「好戲終於上場」的想法，兩者可是天差地遠。

只不過是語言習慣的差異，卻讓這個國家的年輕人越來越膽小怕事。

政府提倡國際化已經不是一兩天的事了，其實比起語言能力，這個國家最需要的或許是不把失敗當回事的厚臉皮，不是嗎？

我希望這本書能夠讓內心溫柔的我國（日本）年輕人，不再畏懼失敗和孤獨。

我想透過腦科學，證明「失敗」不過是一場好戲的開幕。

我要證明「孤獨」是腦成熟不可或缺的良方。

這些都是為了讓你能勇於踏出成為英雄的第一步。

你的人生就是以你為主角的故事。

如果你是一位小說家，你會想寫一篇這樣的故事嗎？——「隆司很能掌握讀書的要領，順利考上一流大學，畢業後又順利進入好公司就職，成為高收入一族。他很擅長溝通，也很受到異性歡迎，四周的人都很敬愛他，而且他也從來沒有讓人失望過，健康平順地過完一生。」

老天爺（腦）也一樣。

腦來到這個世界，就開始描繪屬於自己的感性地圖。每個人的人生經驗都不盡相同，因此孕育出的腦神經迴路也各有不同。所以世界上沒有任何一顆腦，甘於遵守屬於別人的標準答案。

在這個世界上，你的腦是獨一無二的存在。

而你的人生故事也是與眾不同的存在。

把這些會為你的人生故事添加豐富色彩的事件，稱之為「失敗」，而且害怕失敗，或是每次失敗就受傷，其實對你的腦與人生一點幫助也沒有。

現在就開始你的人生旅程吧。

讓你自己成為英雄。

……勇於飛蛾撲火吧。

二〇一五年夏天

黑川伊保子

contents

前言——勇於飛蛾撲火 004

Chapter 1
失・敗・篇

什麼樣的大腦才算是「好大腦」？ 019
「失敗」是腦進化的要件 021
老是說「我還不行」的人，只是「失敗」的逃兵 023
勉強行事只會讓腦疲憊 025
睡眠是大腦進化的黃金時間 028
睡眠的品質就是人生的品質 030
腦進化的三大關鍵 033
一、別把「失敗」歸咎於他人 034
二、別對過去的「失敗」耿耿於懷 038

三、別對未來的「失敗」提心吊膽 045
英雄不需要「夢想」，只需要「目標」 047
從幼年期就開始逃避「失敗」，是脆弱的「腦」 050
請停止當一個媽寶 056
青春期就開始逃避「失敗」，只會失去自我 060
三十到四十歲之間是「失敗」的適齡期 068
「超乎反射神經的反應」才會讓你成為英雄 074
「失敗」過的人才能鍛鍊出機智迴路 076
「不害怕失敗」與「放棄」之間的差別 078
世上沒有不是英雄的男性，也沒有不能成為英雄的女性 081

Chapter 2

孤高篇

「孤高」是「創造性腦」的必要條件 085
人類的二種腦：因應現實型 VS 未來創造型 087
英雄腦屬於混合型腦 091
打造英雄腦的方法之一：跳脫他人的期待 093
沉迷社群網站會毀滅英雄腦 094
「孤高」是英雄的共同感性 097
打造英雄腦的方法之二：鍛鍊直覺力 099
紳士喜歡國標舞，武士喜歡書法的理由 100
愛因斯坦如何鍛鍊直覺力？ 102
運動是鍛鍊腦的必要方法 104
徹底為他人著想，也是英雄的必要條件 105

「在意別人看法」不等於「為他人著想」 106
在意別人評價的人會失去自我 108
必須要找到自己的最愛 111

Chapter 3
自尊心篇

自尊心是大腦的羅盤 117
找出自己無法忍受的東西 120
無法容忍的事物助於建立你的自尊心 122
真正的堅強和溫柔來自於自尊心和使命感 124
自尊心和「愛自己」當然不同 126
試著俯瞰這個世界吧！ 129
醜小鴨的隱喻 133

Chapter 4

使命感篇

別把「夢想」掛在嘴上 138

別害怕被人討厭 140

只有為他人著想，才有使命感 141

越身在危機中，越能守護他人 145

深深信服的感覺很重要 147

傾聽自己內心的聲音 150

「受害者式發言」會降低你的高度 152

跳脫出負面循環 153

培養可以得到對方信任的眼神 157

做為領袖的條件：讓人感到快樂 159

活用「鏡像神經元效果」 162

Chapter 5
餞行篇

收拾好行囊，整裝出發 167
成為優質又能展現特質的人 172
給女性朋友的話 173
勇敢展現自己 175

後記——獻給奮鬥中的你 177

失敗篇。

Chapter 1.

Book for Heroes

你是不是很害怕失敗？

你是不是常常擔心「萬一失敗很丟臉」，所以老是猶豫不決，不敢再向前踏出一步？或者已經發生的失敗總是在你的腦海中揮之不去，因而灰心喪志？還是你每天努力不懈，根本就只是為了不要「失敗」？

如果真是如此，實在是太愚蠢了。現在就立刻停止吧。

「失敗」其實是腦成長機制的一環，是不可或缺的頻繁活動。如果每次碰上失敗就喪志消沉，你的腦也會因此疲憊不堪。打個比喻來說，就好像是每次上完廁所後就會意志消沉一般。

這麼一來，原本你所擁有的浩瀚無邊際的旺盛好奇心，就會逐漸萎縮凋零，最後埋沒在日復一日的庸碌生活中。

好奇心正是讓英雄勇於冒險的種子。

所以首先我要針對「失敗」，也就是會殺死孕育英雄的好奇心的心病，來開一帖藥方。

什麼樣的腦才算是「好大腦」？

人類的腦其實就是一個極為複雜的電路。

人類腦內的神經迴路數量多如牛毛。只有在必要的時候，傳送電子信號到必要的迴路，腦才會工作。

迴路很多是一件好事，可是如果信號漫無目的地在所有的迴路中亂竄，就不能說是好事了。

舉例來說假設有一個人的眼前閃過一個黑影。為了要正確識別出這個黑影是隻貓，就必須立即針對認知貓的迴路傳送信號。如果此時信號也同時傳送到認知大象及認知老鼠的迴路，就會得出「完全搞不懂這個黑影到底是什麼」的結論。結果這個人就會因為害怕黑影而動彈不得。

在必要的時候，立刻傳送電子信號到必要的迴路——

換句話說，腦雖然有豐富的迴路，但這些迴路都會視狀況，而有先後的順序之分。

這樣的腦才符合好大腦的定義，也是「成功腦」的必要條件。

優先順序分明的腦很能掌握要領，而且有敏銳的第六感，所以也會有好運氣。因為擁有這種腦的人不會去和會影響自己運氣的人合作，也不會選擇會影響自己運氣的道路。應該是說會影響運氣的人和事，根本就進不了擁有這種腦的人的慧眼。

「失敗」是腦進化的要件

怎麼樣才能擁有這種好大腦呢？

其實，不二法門就是在日常生活中，不斷地重覆經歷失敗的過程。

人類的腦會隨著各種體驗進化。

一旦經歷失敗後，電子信號會變得難以傳送到這次失敗經驗所用到的腦相關迴路，所以腦會變得比失敗前更不容易失敗。

相反地，一旦有了成功體驗，電子信號就會更容易傳送到這次成功經驗所用到的腦相關迴路。其中各式各樣的成功體驗中都用到的基本迴路，就會因為用到的次數多，成為更優先使用的迴路。這種基本迴路正是看清事物本質的洞察力迴路，也是超一流的專家所具備的能力。專家們可以利用這種迴路，瞬間找出「致勝關鍵」。而這種迴路只能藉著累積成功體驗後成形。

然而要大量增加成功體驗，多次傳送電子信號到重要的迴路，讓重要的迴路昇華為「基本迴路」前，卻必須先充分捨棄沒用的迴路。

邁向成功的基礎訓練，也就是捨棄沒用之迴路的過程——就是「失敗」。

世界上每一種失敗的存在，都是為了讓腦得以成長。失敗的次數越多，經歷越「無可救藥」的失敗，人類的腦就越能獲得敏銳的直覺。而擁有這種腦的人會成為發光發熱的專家、身段柔軟的大人。所以我們一點都不需要害怕「失敗」。

以前的人常說「年輕人要勇於吃苦，把吃苦當吃補」，或者說「失敗是成功之母」等等，其實這些話並不單單只是安慰的話，也不是結果論。腦科學已經確認這可是有助於腦成長的事實。

老是說「我還不行」的人，只是「失敗」的逃兵

明明算是會做事的人，卻無法擁有自己滿意的聲望和地位，這種人一定習慣列舉自己「做不到的事」。即使是一百件事中只有兩件做不到，也一定會特別強調那兩件事。這是因為他們要先為「失敗」找好藉口。

開始嶄露頭角的年輕人，一定會把自己的注意力放在自己「做得到的事」。至於「做不到的事」則會謙虛以對，但卻不會過分強調。因為他深深知道自己還不夠成熟，所以失敗是理所當然的經驗。

換言之，嘴裡老是喊著「做不到，做不到」的人，其實很傲慢。因為他們打從心底就覺得自己應該是完人。

所以社會大眾對於那些老是說「我還不行」的年輕人，其實一點也感受不到他們的謙虛，只會覺得他們很傲慢。如果你說這種話的原因，是想表示自己很謙虛，那還是從今天起就停止這種習慣吧。

當然，刷新世界花式滑冰最高分記錄，拿下男子花式滑冰金牌的羽生結弦選手說，「我還不行，還有很多可以做、應該做的事」，大家聽到這句話都覺得他很酷。只有這種獲得壓倒性勝利的人，才有資格說「我還不行」。

在做出成果前不要說「做不到」、「我還不行」，而且更不應該養成這麼說的習慣。

這是在面對「失敗」時，最必須銘記於心的處方。

勉強行事只會讓腦疲憊

話雖如此，當上司交辦一件自己能力所不能及的工作時，難道也不能說「我做不到」嗎？

是的。不能這麼說。

上司交辦工作給部下，結果部下卻失敗了，這其實是上司的責任，而不是你的責任。

上司交辦一件超乎你能力所及的事給你，如果他是一位「英雄上司」，那表示他已經有失敗的覺悟，把這件任務當成是讓你成長的機會。在這樣的上司面前說「我做不到」，只會突顯出你的軟弱，讓上司失望。

上司交辦一件超乎你能力所及的事給你，如果他是一位沒用的上司，那就讓他去承擔失敗的責任吧。如果這個任務的失敗事關重大，甚至可能影響到公司外部時，那麼最好事前向上司的上司報告，告知對方上司交辦了這件超乎自己能力範圍的工作。報告的時候當然也不是去抱怨「明明我就做不到」，而是用「既然交給我了，我一定會全力以赴」的態度，趁機讓上司的上司知道這件事。

不過也不用逼自己吞下「沒人做得到的離譜命令」。如果是這種情形，不如就用提出改善建議，取代「我做不到」的回答吧。

另外，年過三十歲之後，就不能接受不合理的交期。

如果把自己逼到每天都要加班到深夜，連週末假日都必須去公司加班，這並不會是上上策。這樣只會讓自己的腦疲憊不堪，喪失敏銳的直覺力，一定不會有好結局。

每次有人提出不合理的交期時，我一定會先建議如下：「假如是這個交期，大概只能完成八成。如果無論如何您都必須在這個期限內取得某種成果，我是不是可以先交期中報告給您？如果您不是非得在這個交期內取得成果，我希望交期能延到〇日。」

就算對方表示「你就週末來公司加班趕趕就好啦」，我也一定會拒絕，因為「為了顧客好，不能潦草行事」。當然，如果對方還是堅持「潦草行事也沒關係，你做就是了」，那我還是會假日來加班就是了。

最重要的是，這麼做不是為了自己著想。尊重自己專業的人，為了公司和顧客著想，絕對不會勉強行事，勉強為之只會讓腦疲憊。腦一旦累了，就可能做不出任何成果。而且並不是只有動腦的工作會有這種風險，就算是有固定規則，一成不變的定型業務，只要腦累了，也會影響工作品質。如果發生在服務業，顧客就不會再上門。如果是體力工作，甚至有可能危及生命安全。

如果說NO只是為了自己，看起來就很自私。不過如果是為了顧客說NO的專業人士，看起來就很帥氣。就算會被上司怒吼：「現在是說這種話的時候嗎？」我認為也有說的價值。就算當場還是被迫接受，但慢慢地四周的人看你的眼光就會改變，大家會對你刮目相看，知道「這個人絕對不會只是一顆棋子」。

職場其實就是冒險叢林。大樹底下雖然好乘涼，卻無法前進到下一個階段。

睡眠是大腦進化的黃金時間

讓我們來換個話題。你知道一天之中，人類的腦在什麼時候進化嗎？

其實就是在我們睡著的時候。

因為當我們醒著的時候，大腦忙著認知、思考以及輸出結果，所以根本沒時間去整合新知，讓新知成為迴路的一部分。不過當腦的主人進入睡眠時，意識領域的信號就會歸於沉寂，沒有公開的工作。這麼一來腦才有時間可以去消化新知。

具體來說，人類的腦在睡眠期間會多次重播白天清醒時的體驗，從中擷取知識和智慧。然後和過去的知識比較，徹底詳查，重新檢視大腦知識庫的品質。最後整合新舊知識並將之抽象化，產生慧根。

換言之，人類的腦是在睡眠期間進化的。

在人工智慧領域將這一連串的過程，稱之為「腦的學習效果」，當然這指的不光是坐在教室裡，在課堂上的知識學習。包含人際關係的奧妙之處、工作的技巧、藝術和運動的慧根等，都須經過這一連串的過程，內化成腦迴路的一部分。

舉個例子來說：有位足球少年今天終於學會以前老學不會的運球。在他晚上上床睡覺前，他的體驗不過是控制肌肉的單純記憶。不過在他睡眠的期間，他的腦會將這些體驗昇華為運動的慧根，並寫入大腦皮質中的運動皮質。白天的鍛鍊經過夜晚品質良好的睡眠，變成人的慧根。

因此，睡眠和鍛鍊幾乎一樣重要。一寸光陰一寸金，把握時間努力精進是好事，但如果因此犧牲睡眠，那可就得不償失了。

英雄們！請務必重視睡眠！

睡眠的品質就是人生的品質

順帶一提的是，要提升睡眠品質，建議最好是「日出而作，日落而息」。

晚上十一點過後就不要再看電腦或手機，最好在半夜十二點前上床休息。而且要記得關燈，但是可以留盞腳邊的小夜燈。

深夜盯著手機或電腦的螢幕，對腦和身心來說，都會造成很大的傷害。

螢幕具有大自然所沒有的特性，所以會經由視神經無謂地刺激腦部。原本應該是一片漆黑的時段，如果視網膜（眼睛）持續接收到不自然的光線，就會影響自律神經，造成睡眠品質惡化，損害明天的記憶力和創造力，甚至會影響身為男性（或女性）的魅力。

這是因為視神經的後方，就是主宰自律神經的下視丘，下視丘附近則有負責分泌各種荷爾蒙的腦下垂體。而這些神經和腺體都會在夜晚工作，促進腦神經系統進化，同時促進肌膚、骨骼、肌肉的新陳代謝，分泌性激素。

換句話說，深夜還盯著螢幕看，不但會讓人變笨，還會影響身材，讓異性對你失去興趣。

再者，男性荷爾蒙睪酮素是讓男性能擁有男性化體格，和正常性功能的性激素。也有人說「日出而作，日落而息，在一天的尾聲有適度的肉體疲勞感」，隔日清晨才會分泌睪酮素。

再加上據說偶爾的生理、心理衝擊，也能刺激荷爾蒙分泌，所以偶爾熬夜工作，累到腳步虛浮，或許也不是件壞事。可是如果是因為沉迷在SNS（Social Network Service，社交網路服務、社群網站）的世界中，忙著確認別人的動向而天天熬夜，那就太無聊了。這些事根本就不值得用自己的人生去交換。深夜打電動也是一樣的道理，偶一為之無妨，但萬萬不可養成習慣。

女性也是一樣。如果習慣盯著螢幕熬夜，人體就無法穩定分泌女性荷爾蒙。

女性荷爾蒙雌激素讓女性擁有豐滿的胸部和玲瓏有致的身段。女性荷爾蒙也可以讓女性擁有細嫩的肌膚。灰姑娘的魔法在深夜十二點就會失效，其實是很耐人尋味的一件事。熬夜的女性無法成為灰姑娘，說不定這正是給世間女性的教訓。

而且男性也好女性也罷，如果睡眠品質太差，腦就無法順利更新，無法孕育出「電子信號難以傳送到失敗迴路，而容易傳送到成功迴路」的好大腦。

白天痛徹心扉好不容易才獲得的經驗，可能因此船過水無痕，無助於腦部更新。同理可證，腦也無法記住白天一切順利的感覺。

真是如此的話，站在腦科學的觀點來看，這一天就是白活了。所以請大家要好好睡覺。

腦進化的三大關鍵

如前所述，失敗是為了讓腦認知出無用迴路的訓練。經歷失敗的當天晚上，腦會提升失敗時所使用的相關迴路的臨界值（引起身體反應的最低刺激量），讓信號難以進入相關迴路。這正是唯一可以培養明日的直覺力、創意發想能力、掌握要領的能力之方法。

好不容易經歷切身之痛換來的失敗迴路，必須確實經大腦消化處理。要增強大腦處理的效果，就必須遵守三件事——

一、別把「失敗」歸咎於他人

失敗時萬萬不可歸咎於他人。就算一〇〇%是他人造成的失敗，也要因為自己未能預防失敗的發生，而好好自我反省，把對他人的憤怒轉化成自己的心痛。

這並不是理想主義，也不是在提倡精神主義，而是為了讓自己的腦認知到這是一次失敗的體驗。

如果歸咎於他人，腦就不知道這是失敗體驗，無法更新迴路。明明就經歷了切身之痛，結果腦卻不能因此進化，不是太可惜了嗎？

我們用一個例子來說明：比方說，明明自己下了正確的訂單，可是卻送來錯誤的商品。

這種時候一般人都會覺得「我明明沒有下錯單啊。太扯了啦！」，但是請你試著朝不同的方向去思考，「這是類似型號的商品。如果下單時我有提醒對方就好了」，或者是「如果我避開旺季下單就好了，明明也沒有那麼急」等等。

會朝著不同方向去想的人，即使是他人的失敗，也要化為自己的經驗，寫入腦中，以後就可以避免重蹈別人的覆轍。這樣的人自然而然可以減少日常生活中犯錯的機率。

這還不是這麼做的唯一好處。將他人的失敗也視為自己的責任，這樣的人當然會受到周圍的人尊敬。

工作並不是把自己責任範圍內的事情做好就好。自己責任範圍內的事情做好後，確實地傳達給下一棒，最終做出正確的結果，這才算是完成任務。「自己做好了」並不代表「也正確地傳達出去了」。所謂的老手，就是知道個中差異的人。

從年輕的時候開始，就有為他人著想的言行舉止，這種人自然就會被周圍的人認為是「能綜觀大局的人」，順理成章地走上領袖的道路。

所以把他人的失敗當成是自己的痛處，這種資質正是做為領袖的條件之一。當然也是成為英雄不可或缺的資質。

就算是遭人狠狠地背叛，希望你也能反省自己為什麼讓人有機可乘，並且能憐憫那個人從此必須背負叛徒的枷鎖。

「都是他害的」、「都是公司不好」、「社會的錯」、「時代造成的」……老是像這樣把失敗歸咎於他人，腦就不會認知到這是自己的失敗。明明就經歷了切身之痛，腦卻沒有從中記取教訓。這就好像去牙醫診所忍痛接受治療，結果蛀牙還是沒治好一樣。了解腦部機制的人每每看到那些把不好的事都歸咎他人的人，都會覺得惋惜懊惱不已。

當然或許對方也真的不對，社會也真的不好，不過那是另一回事。既然自己也和這件事有關，就要從中找出自己應該反省的地方，這才是讓腦進化的第一步。所以在經歷切身之痛的當晚，就要把這件事當成是自己的事，好好反省，讓自己因為失敗而悲傷吧。

不過倒也不需要因此意志消沉，悶悶不樂。悲傷過後要記得，「我的腦會因此進化。等睡一覺起來，我的腦就會重生了」，帶著舒暢的心情好好睡一覺吧。

明明當下表情嚴肅，好像人生已經沒有任何希望的人，下一刻卻若無其事地上床睡覺。在旁人眼中，這樣的人雖然很奇怪，但看起來是不是充滿英雄氣概呢？

二、別對過去的「失敗」耿耿於懷

對於過去的失敗，更不應該經常反芻，難以釋懷。

這也不是精神主義的主張。

而是因為這種行為可能會接回好不容易才切開的失敗迴路。

比方說在練習打高爾夫球時，有些人一開始就會先反省，「上次是因為這樣而失敗的，所以這次不要重蹈覆轍」。

只有不會進步的球員才會做這種事。重新喚醒回憶會讓失敗時的信號再次流入腦神經迴路。即使在反省的最後加上「這樣做不行」的否定句，也來不及了。好不容易才「讓大腦遺忘」的失敗迴路，因為這種行為又還魂了。

所有的訓練都不可以由反省開始。如果每次舉行商品開發會議，都先反省之前的失敗，這種公司一定無法成長茁壯。

更別說老是對失敗耿耿於懷、經常反芻的人，真的很危險。因為這種人會不斷地活化失敗迴路，導致自己的腦不論多麼努力要在睡眠中切斷失敗迴路，也不過是事倍功半。

在馬術比賽中，對於剛剛沒跳過的障礙物，選手會特地讓馬兒再次嘗試，直到成功為止。

其實只要有一個障礙物跳躍失敗，比賽就算是結束了。明明已經和勝負無關，選手還特地花時間讓馬兒再次嘗試剛剛失敗的障礙物，直到成功為止，這麼做其實有特別的意義——如果讓比賽在這次失敗時劃上休止符，這匹馬以後就永遠不可能跳過這個障礙物。

這種現象在賽馬中也能窺知一二：據說如果在某種戰術下，一匹馬曾經被其他馬匹超越而落敗，那麼下次面對同樣的對手，如果又祭出相同的戰術，這匹馬大都會直接放棄，根本沒有求勝心。

馬是非常纖細敏感又膽小的動物，所以失敗的記憶可能會深深烙印在腦海中，說不定馬兒的大腦採取的戰略就是「不再挑戰一樣的事（不魯莽行事）」。

人類雖然不像馬兒那麼怯懦，但是也必須要注意這一點。

我們不需要害怕失敗，但老是耿耿於懷放不下，也只會讓失敗迴路更加活化而已——結果就是陷入失敗的惡性循環。

所以年輕人千萬不要養成失敗的習慣。經驗不足的時候，一次的失敗經驗就足以帶給腦部極大的刺激。可是如果經常失敗，腦也會習慣成自然，認定這是「稀鬆平常的經驗」，而把這種經驗建構成堅不可摧的經驗知識迴路。然後有一天，你就會變成「失敗的專家」。

歌舞伎業界會讓演員的子女在兩到三歲時首度登台。據說四周的人對於這些小演員登台，都會高度拭目以待。小演員的長輩們事前會去向所有關係人士打招呼請託，邀請大金主們於表演當天務必蒞臨現場，坐在花道[02]兩旁的觀眾席，守護這些小演員。如果是年長的金主，可能也曾經守護過上一代演員的首度登台演出呢。歌舞伎業界名門的幼童只要走上舞台，說幾句台詞，會場中就會洋溢著幸福不已的感嘆聲，掌聲如雷絡繹不絕。「舞台是讓我滿足，光鮮亮麗的地方」，這種印象就會深深刻畫在這些小演員的腦海中。

據說要打造出舞台上的明日之星，小時候首度登台留下的幸福記憶非常重要。

02 花道：由歌舞伎主舞台向觀眾席延伸而出的走道，也是舞台的一部分。

就腦科學的角度來看，這也是非常合乎邏輯的做法。

如果你已經踏入一決勝負的社會中，而且現在的做法，在一開始時並未得到「幸福的烙印」，一而再再而三地失敗，建議你還是打掉重練吧。

只要給人類的腦一段適當的時間間隔，重新選定方法論與道具，再次設定「打掉重練後的首度登台」即可。這樣就可以重設大腦，從頭再來。

首度登台可以降低標準，在自己可以獲勝的地方，得到獲勝的經驗。或者是投入高難度的作戰，將勝負置之度外，讓自己充分享受參與其中的滿足感。重點就是不要讓大腦有「失敗」的感覺。只要讓自己身處在獲勝的情境中，或者雖然沒有獲勝，但卻充滿成就感的情境中即可。這次開始不要再讓你的大腦「習慣失敗成自然」了。

我認為讓自己養成負面思考的習慣，本身就是一項罪過。負面思考不但會帶來心靈上的負面影響，「讓自己因為憂鬱陰沉而表現不佳」，「讓身旁的人心情沉重」，還會讓自己的腦神經迴路品質嚴重低落。

指導者不能放著負面思考的年輕人不管，而是應該教育這些年輕人「儘量失敗不用怕。失敗了就要深切反省。但不需要耿耿於懷一直掛在心上」。如果你正是負面思考的年輕人，現在就立刻放棄這種習慣吧。

此外，千萬不要接近五十歲以上還負面思考的大人。後面也會再仔細說明，人一旦邁入五十大關，都會成為某一方面的達人。一路走來都習慣負面思考的大腦，就會定型為「負面思考的達人」。不論我們給這種人多麼積極正面的建議，都只會得到「可是……」、「不過……」、「反正……」的回覆。不論重覆多少次「你一定可以，好嗎？」也不會有任何改變。這種大腦已經無可救藥了，只好讓他們去物以類聚了。

另外，從小到大就是「好孩子」、「好人」的人，比賽獲勝時即使受人稱讚，也常習慣說「這裡做得不好」。大家可能會覺得獲勝後還知道反省，這種態度很棒，可是其實這也是必須注意的一點。

如果反省的感言是「我還可以做得更好」，那倒無所謂，可是如果感言是「我那裡失敗了」，這樣就不好了。這兩種感言聽起來很像，可是前者的大腦是鎖定更進一步的成功例子，而後者的大腦卻是再次提及目前的失敗而已，所以這兩種感言對於大腦來說，效果可說是天差地別。

從今天開始，做個放得下的人吧。而且也不要為了想當個別人眼中的好孩子，而把反省掛在嘴上。

三、別對未來的「失敗」提心吊膽

絕對別為了未來的失敗而恐懼不安。

這種行為只會建立還沒產生的失敗迴路。

如果一直想著會失敗，那就一定會失敗。

許多主持人都表示，「如果一直想著不要唸錯來賓大名，而特別小心注意容易唸錯的姓名，就一定會唸錯。還不如別想太多，就照著唸吧」。

在挑戰事物前，如果習慣負面思考，總會先想著「如果〇〇就完了」、「一定會被上司反對」，「不知道別人會怎麼說我」的人，最好立刻停止這種習慣。

因為信號流入「會被反對」的迴路，所以才會被反對。

讓我站在上司的立場來說明——如果屬下的大腦事先已經假想會被反對，屬下的臉上就會浮現「你會反對吧？」的神情。如果上司順藤摸瓜，反對屬下，那麼屬下反而會鬆了一口氣，露出「看吧！我就知道」的表情。

我個人已經有數不清的這類經驗。其實我沒什麼特別要反對的理由，只是因為對方臉上浮現這種神情，所以我就順其意反對而已。如果提出企畫案的人大腦已經假設會被反對，這個企劃案就絕對不會成功。

而且越是擁有這種腦的人，越容易牢牢抓緊失敗的記憶不放。

明明就還沒失敗，倒先假設會失敗，先建立起失敗的迴路，然後深信「自己提出的企畫案一定會失敗」。負面思考會讓腦神經迴路建立失敗和挫折的習慣。

這麼一來，就無法再增加成功體驗，也看不清事實的本質。不論幾歲，都只敢說些不痛不癢的話。即使已經邁入五十大關，還只會叨唸「公司裡沒有我的伯樂」。這種生活方式，完全和英雄反其道而行。

關鍵就在於挑戰前絕對不要想著不會成功，或羅織不會成功的理由——其實真的一點兒也不困難。

換個角度來看，一個小小的壞習慣就會埋沒一個人，所以大家一定要小心。

英雄不需要「夢想」，只需要「目標」

順帶一提的是就腦科學的角度來看，努力描繪「自己的美好明天」，積極為了這個夢想而努力的正面思考方式，其實也不值得推薦。

據說人類的腦神經迴路，有九十％以上都用在潛意識，顯意識只用到區區的少部分。潛意識更為纖細、且更大範圍地收集腦的必要資訊。

舉個例子來說：認知科學中有一種現象，稱為「雞尾酒會效應」（Cocktail Party Effect）——這是指人的一種聽力選擇性，即使身處在「吱吱喳喳」一片吵雜的環境中，遠處有人小小聲地叫我們的名字，我們還是可以聽得到的現象。

我們的潛意識會確實掌握住這種幾乎要淹沒在吵雜聲中的小聲呼喚。換句話說，潛意識可以確實掌握住潛藏在森羅萬象中，對自己有用的細微資訊。潛意識其實有能力，去掌握符合你的腦的緣分和機運，不需要顯意識自作聰明地描繪未來。

所以我們不可以用顯意識的夢想，而且還是那種千篇一律的成功夢想，束縛住自己的腦。這樣做就有如是把三百六十度全方位的碟型天線，全部集中到同一個方向一樣。如果運氣好，「恩惠」剛好由這個方向來也就算了，只是這種機率實在是太低。

唯有在受好奇心驅動，天真爛漫地活動時，或是抱持著使命感迎向逆境時，腦才能百分百充分發揮潛能。

所以英雄的字典裡根本不需要「夢想」這個字。

「夢想」是放在心裡的。如果要說出來，就說出「目標」或「使命」吧。

大家想想看，達比修有[03]選手會說「大聯盟是我的夢想」嗎？錦織圭[04]選手會說「四大網球公開賽是我的夢想」嗎？賈伯斯（Steve Jobs）會說「我的夢想是做出全世界通用的好商品」嗎？

「夢想」這個單字，是給那些只有發生萬一才能實現夢想的人用的。既然你要踏上英雄之路，就不能和那些人走一樣的路。

03 編註：達比修有（一九八六～），日本職業棒球選手，二〇一二年到美國大聯盟德州遊騎兵隊發展，並於該年創下在大聯盟新人球季中最多勝投的亞洲籍投手記錄。

04 編註：錦織圭（一九八九～），日本男子職業網球選手，在二〇一五年時職業生涯單打最高排名達第四位，曾於二〇一四年的美國網球公開賽晉級決賽並獲得亞軍，創下了多項亞洲男子網球選手的記錄。

從幼年期就開始逃避「失敗」，是脆弱的「腦」

我們不可以畏懼失敗。也不能老做著墨守成規的夢想。

人類到底是從什麼時候開始，學會害怕「失敗」的呢？又是從什麼時候開始，期許自己成為好學生，只敢描繪千篇一律的夢想呢？明明幼兒時期，我們不會假設自己會失敗而畏縮，也不會有「像我這種人……」的心態，而裹足不前。當然小時候也不會追求事先確定的和諧（harmonie préétablie）。

其實很遺憾的是，人類的腦之所以會有「失敗」很可怕、要當「好學生」、不要太好奇的刻板印象，大都是來自媽媽。

一個人出生的時候，帶著他人生中最多的腦細胞呱呱落地。

腦細胞，又稱為腦神經細胞，正式名稱是神經元（Neuron），主要負責的工作是認知行為——

例如在認知影像的神經元群中，有專門認知「圓的現象」的神經元。也有專門認知「橫長現象」的神經元。二者同時運作時，就可以認知出「橫長的橢圓形」。

換句話說，我們的腦中塞滿了負責單純認知的腦細胞，多個腦細胞的排列組合，才能讓我們認知更複雜的現象。為了互相密切合作，腦細胞透過有無數分岔的神經纖維，交織出綿密的網路。

人類之所以帶著人生中最多的腦細胞誕生，應該就是為了要適應各式各樣的環境吧。

比方說兩歲半以前的幼兒，可以模仿全球各種語言的母音，只要有母語人士在幼兒面前發音給幼兒聽即可——幼兒可以感應到所有的母音。

然而可以認知所有的母音，換個角度來看就是「無法識別語言的發音」。比方說日語有五個母音，可以果決地分辨發音的人聽起來是「KuRoKaWa」的發音，在幼兒的耳朵中，可能會抓到多餘的母音，因而聽起來像是「U-KuRo-o-Kkua-u-wa-a」。所謂的母音，就是利用肌肉的變化，發出音響時間較長的發音，所以的確可以抓到許多多餘的音。在這種狀態下，幼兒的發音聽起來就像是「u-Wan-u-Wan」，對大人來說，只不過是奇怪的吼叫聲罷了。

捨棄多餘的腦細胞，鎖定母語的母音時，人腦才能把周圍的發音聽成語言。為了快速掌握必要資訊，腦會由全方位的感度轉成具有方向性的感度，而且這種轉變並非只出現在語言學習方面。

如此這般，人類的腦細胞在出生後日益減少，到了兩歲半左右減到最少。取而代之的是不斷增加的神經纖維網路。

人類帶著自己一生中最多的腦細胞出生，然後大約在三歲前，透過捨棄不必要的部分，讓自己的感性更為敏銳，然後才能踏上「思考的旅程」。俗話說「江山易改本性難移」，站在腦科學的觀點來看，還真有它的道理，因為人的感性基礎的確奠基在三歲以前。

那麼為了讓自己的感性更為敏銳的兩歲小孩，在大人的眼中看來，當然就只是不斷地重覆毫無道理的「失敗」和「惡作劇」。

先是打翻牛奶杯；媽媽正忙著收拾時又打翻一杯飲料；把手上拿著的玩具丟出去，然後又為了要那個玩具而嚎啕大哭；真把玩具撿回來放在他手上，他又丟出去；不斷地抽出面紙盒中的面紙；把乾糧撒在地板上；在床單上鬼畫符……讓媽媽覺得煩得要死的這些行為，對幼兒的腦來說，其實都是「偉大的實驗」。

想想看，幼兒來到人世間也不過才短短一到兩年。他們幾乎不知道這個星球上的大小事。打翻杯子就可以看到一片乳白色的小海洋。然後媽媽手忙腳亂地去收拾殘局。再來一次還會有相同的結果嗎？小朋友可是躍躍欲試，想再實驗一次看看呢。為了知道人世間的秘密，幼兒們崇高的好奇心，可是不輸給諾貝爾得獎者呢。

如果媽媽從頭到尾就十分機靈，事先預防幼兒的這些「失敗」和「實驗」，就會抹殺幼兒的好奇心，這是讓人十分遺憾的事。這樣的幼兒可能會成為「聽話懂事的乖小孩」，但卻很難成為開拓全新世界觀的英雄。

聽話懂事的乖小孩，會打掃整理的小孩，考試總是考高分的小孩。為什麼父母總是想把自己的孩子養成那樣的小孩，我實在是不懂。如果想要這樣的功能，買台電腦來就可以了。

我在教自己的小孩時，總是抱著以下的想法：「與其去追求只要努力，誰都做得到的九十九分，我希望你找出只有你可以做到的那一分」。因為「如果媽媽要的是大家都稱讚的好學生，媽媽可以自己用人工智慧做一個！」（微笑）

如果媽媽是頭腦聰明又能幹、又愛乾淨的大美人，很遺憾地養出來的小孩，通常都無法好好享受人生首次的「失敗」。

而且這些小孩的腦中，都已經根深蒂固地認為「失敗」是「應該要事先預防」的事。如果媽媽還是那種明明什麼事都還沒發生前，就會先把擔心掛在嘴邊的人，小孩就會認為「挑戰新事物」是一件不好的事，正義就是接受「父母（社會、上司）的指示」，學會忍耐，這樣的人生比較輕鬆。

給小孩過多的智育玩具甚或是幼兒教育，這種做法也讓我搖頭。

對大腦來說，最重要的就是「自己想要、自己發現」。

舉例來說，「鈕扣穿過鈕扣孔的景象」，可以是在嬰兒的腦中建立空間認知的重要因素。可是前提是只有在嬰兒的腦做好接受的準備，自然而然地發現媽媽毛衣外套上的鈕扣，決定自己伸手去觸摸時，才能讓嬰兒的腦描繪出最新鮮的感性地圖。如果淪為智育玩具的一個過程，由父母帶領去操作鈕扣，效果就會大打折扣。

不等小孩的腦「自己想要、自己發現」，而是搶先提早給小孩命題，小孩就會喪失發揮好奇心的機會。

父母可能是為了孩子好，不希望孩子面臨「失敗」，熱衷於「早期教育」，這種做法很可能會剝奪孩子們的好奇心。

就這樣，大人們聯合起來一點一滴地削減孩子的好奇心，等到孩子進入青春期，卻又責怪孩子「沒有自主性」、「缺乏幹勁」、「欠缺好奇心」。當小孩還真不是一件簡單的事啊。

請停止當一個媽寶

因為這一連串的過程，腦如果在幼兒期就被隔絕在「失敗」的體驗外，長大後就欠缺好奇心，無法找到新的命題。而且很容易有大樹底下好乘涼的心態，缺乏霸氣。就算有才華，運氣也總是差那麼一點，老是無法得到應有的成果。

如果你也有這種傾向，很遺憾地是在你人生的起點，運氣並不好。不過現在埋怨父母也沒用了，因為父母也都是為了你好才這樣做的。

還好，不論面臨什麼樣的失敗，都可以重來。人類的腦可是唯一可以從頭再來的器官。

這種時候就在心中放棄你的母親吧。

這並不是叫你和母親斷絕關係。而是叫你不要再期待被母親稱讚、獲得母親認可，也不要再害怕被母親責怪。

你大概也習慣使用母親的口頭禪了，所以要先捨棄這種習慣。例如，「反正我不可能做到」、「我不是跟你說過了嗎？」、「我明明已經很認真了」、「別丟別人的臉」、「那很難耶」等等。

如果你的母親已經年過五十六歲，她的大腦已經定型無法改變了。做為一個英雄，你只能為母親感到可憐，並心平氣和地告別負面思考的習慣。

如果一回到家母親總喜歡打破砂鍋問到底，不停地追問你的工作，你只要說「我不想在家談公事。在媽媽身邊我只想好好放鬆。媽媽就在旁邊守護我吧！那樣就是對我最大的幫助了」，這樣就夠了。（強調的部分足以讓母親住口）

想要逃離希望養出好學生的媽媽，你就不能交一個很會扮演「好孩子」的女朋友，因為她和你是在一樣的環境下長大的。如果你以為她是一位性情溫和的人，覺得在她身旁很安心，不久後你就會發現她會說和媽媽一樣的話。建議你選擇比你自己更容易天真無邪地迷上好奇事物的對象，而且好奇心旺盛的女孩吧。

如果你是女性，就立刻停止當個「好孩子」吧。

英雄不需要察言觀色。比起那些只想著看別人臉色的年輕人，受好奇心和使命感驅使的年輕人，不知道多受社會歡迎呢。

當個「好孩子」的確很方便：「好孩子」的房間乾淨又整齊，「好孩子」的年輕人參加宴會也會循規蹈矩，「好孩子」的社會人學會事先確定的和諧，懂得合宜的應對進退——表面上的確很受歡迎。

可是如果老是只能得到意料之內的答案，人的腦很快就會疲乏了。反正不論是誰都無所謂。不過認真過屬於自己的人生的人，只會和「做自己」的人往來。

如果孩子從懂事開始，就已經被下了「好孩子」的魔法，那麼本人就很難有這種自覺，所以要先能發現自己被理想主義的媽媽束縛了。特別要小心以下這種類型的母親：「希望別人說自己看起來比實際年齡年輕」、「講電話時故意提高音調」、「重視學力偏差值[05]、自尊心很高」。如果發現自己的母親是這種類型的

05 編註：學力偏差值，日本用來衡量學生學力的計算方式，並常以此作為升學的考量標準，偏差值指的是相對於平均值的偏差數值，平均值為五十，較平均值越高代表成績相對越好。

人，還是儘早逃開吧。

不過一旦逃開了，反而會覺得「忌憚著別人的眼光過活的母親」實在是可憐又可愛，反而可以溫柔以對，更懂得體恤母親。

青春期就開始逃避「失敗」，只會失去自我

孩童時期逃避「失敗」經驗的年輕人，長大後也會因為害怕「失敗」，而有技巧地逃避「失敗」。也就是他會先觀察四周的氛圍，考慮很多後有技巧地行動。

因爲我不想被別人說三道四。

有一次看到一位二十歲的男性，行為舉止都很中規中矩小心翼翼，我建議他「你可以再放開一點更好。偶爾失敗又有什麼關係呢？那樣會更受人歡迎的。」結果他這麼回答我。

明明還很年輕，卻把自己限制在一個框框內，活得小心翼翼，這樣真的很危險。所謂中規中矩的言行，就是把自己的腦限制在「別人覺得是正確的行動」內，完全不是處於找出真正自我的模式。

而且更糟糕的是，萬一這種小心翼翼的生活，還能受到四周的人讚賞，自己就會以為這就是自己的生存意義。這麼一來，這一輩子都必須活在怕被人在背後指指點點的陰影中。

十五到二十八歲的腦，正處於「社會性自我的確立時期」，也就是處於要了解社會，掌握生存訣竅，確立自我的時期。這個關鍵時期決定了今後你會成為什麼樣的英雄。

在這麼重要的時期，如果你只是忙著觀察四周的氛圍，看他人的臉色，小心翼翼地行動，實在是再可惜也不過了。

因此我特別給了剛剛那位男性當頭棒喝——

男人怎麼可以這麼小鼻子小眼睛的！如果有人要說三道四，就隨他去說吧。如果說別人的壞話會讓他心情好，那就當做是你給他的施捨吧。

我也曾經對兒子說過一樣的話。

那是在他國中二年級的時候。那天他因為肚子不舒服，已經比平常晚三十分鐘左右才能出家門，可是雖然他肚子好了，卻還是在客廳裡東摸摸西摸摸，擺明了就是不想出門。我問了他才知道，原來當天第一、二節課是料理實習課。「現在出門的話，剛好趕上料理做好的時候。就好像我是專程去吃的一樣，我不能做那麼自私任性的事。」

「啥？你在說什麼鬼話？你只不過是遲到，教室裡本來就有準備你的食材。如果你不去，大家用心做好的料理不就要浪費了？給我勇敢地去上學，用心品嚐大家精心的料理，然後盡力幫大家收拾碗筷。」

結果他竟然跟我說，「你是這個世上最自私任性的媽媽，沒資格說這種話！」（驚！）「我也不想被同學說小黑只是來吃的。」「哦！反正你就是不喜歡被人說三道四就是了。你不知道失敗後能大方地認錯道歉，然後再重新挑戰的人，比從來不失敗，看來完美無缺的人更酷嗎？愛說的人就讓他去說吧。說別人的壞話會讓人心情好，就當成是你送給他們的免費服務吧。」

然後我就丟下這個還無法換個心情換個想法的國中生，出門旅行去了。沒過多久，我就收到他寄來的電郵，「媽媽是對的。我現在就要去上學了。」

傍晚我在旅館收到的電郵是這麼寫的，「班上同學都說『小黑能趕上真是太好了，小黑味覺最敏銳，正希望小黑來幫我們試試味道』。今天還好我有去上學。謝謝媽媽。」

「不想被人說三道四。」嘴上會這麼說的人，真的很害怕被人指指點點吧。如果媽媽是這種人，不知不覺中這種恐懼感也會深深烙印在小孩子的腦中。

你懂了嗎？你一定要好好記住，被人說三道四一點兒也不可怕。就算失敗一、兩次，只要能大方地認錯道歉，就是很酷的人。這樣的人才能被人記住，得到真正的支持者。這個世界其實遠比你所想像地還要寬容。

更正確地來說，「真正的大人」是很寬容的。相反地，喜歡說三道四的人，你就別理他就好了。

青春期如果就只想著小心翼翼地生活，避免「失敗」，那就會喪失「自我」。無法過屬於自己的真正人生，那麼自己的人生就好像是別人家的事。在經營者的眼中，「自己的人生好像是別人家的事」的年輕人，就好像是棉花堆裡打拳，擔雪塞井。既缺乏好奇心，也沒有專注力，不懂得忍耐。就算進公司很久，自己卻連一個命題也找不到。

不過老實說也應該是這樣，因為這種人就好像待在別人家的客廳一樣，所以他絕對不會主動說「來吧，問題在地板。我們先把榻榻米拆下來吧。」不過一直處於這種狀態，我想最痛苦的還是本人。

本人很難自覺到「自己的人生好像是別人家的事」，不過如果你也有「不想被人說三道四，老是逃避失敗」的習慣，那麼你很可能就有這種傾向了。

讓自己放鬆吧！偶爾失敗一下，讓周圍的人享受一下「說人長短的好心情」吧。就當成這是你給大家的免費服務。

說得簡單，做起來並不容易。長期以來都活得小心翼翼的年輕人，很難立刻鬆懈下來。

如果有緣的話，我建議你交五十歲以上心靈相通的朋友。最好是豁達又充滿好奇心，該放鬆的地方就放鬆的成熟大人。和這樣的人做朋友，可以讓你卸下心防。

如果有緣，也可以去參加這些大人喜歡的社團活動。我兒子小學的時候，常去附近的圍棋會館。我記得當時有一些八十多歲的老前輩們，會陪他下棋，並跟他說：「小兔崽子，棋盤就像是『世界』。現在開始你就要去征服世界。這顆黑子就是你的武器，代表你的意志。來吧，第一手你想下在哪裡？」

我也一樣。有過攀山越嶺經驗的大人們，看到現在將要去攀山越嶺的年輕人，心中可是疼愛不已。所以就算你盡情地放鬆，大人們也會用憐愛之心，從旁守護著你的。

無法在自己的雙親身上找到這種安心感的年輕人，也可以從別人身上去找。

電影《女人香》（Scent of a Woman）描繪一位怪裡怪氣的失明退役軍人（艾爾帕西諾飾），和一位多愁善感的大學生之間的友情。電影中有一幕是退役軍人邀請年輕女性跳探戈的橋段——

她說「我怕踩錯步，不想跳」，但退役軍人卻說「探戈沒有錯步，不像人生，很簡單。探戈之所以棒，是因為踩錯了就繼續跳，要不要試試？」明明自己雙眼全盲，還邀請年輕女性進入舞池。他告訴我們不去尋找事先確定的和諧答案，而是隨心所欲、聽從自己的感覺行動的美好。

如果在人生道路上能遇上這樣的大人，那真是太好了。

是的。我本人也曾因為這樣的對話而得到「人生」。

大學時我曾經因為打工的關係，有緣和某知名寺廟的高僧交談。當時高僧問我，「你為什麼要學習宇宙論？」我告訴高僧，「我想知道這個世間的秘密。這個世間充滿謎團，實在太迷人了。」結果高僧很和善地告訴我，「你的腦實在很棒，因為它想要知道這個世界的秘密。」「對我來說，想知道宇宙謎團的人，比宇宙更為的神秘。因為前者更是迷霧重重啊。」這是我人生中第一道引導我接觸「腦」的光。

雖然時間很短，交談的內容也很有限，但這段邂逅卻改變了我的人生。別對大人們怒目相視，多和大人們交流吧。因為大人們並不是為了要對你說三道四而存在。

三十歲到四十歲之間是「失敗」的適齡期

由出生到二十八歲左右，人類的腦是最強的「輸入裝置」。

特別是由十五歲到二十八歲之間，是單純記憶力的顛峰期，人腦會很執著地探索這個世界，不論是讀書、工作、戀愛或者是興趣，都會全力以赴，不顧一切地拼命向前行。然後到了三十歲生日左右，就可以建立起自己的世界觀。

三十歲應該是可以看透世間，心胸豁達，知道「這個世界就是這樣」的時期。的確如此，但可惜的是安穩的時光總是過得特別快。人生沒有時間讓你停下腳步。因為下一段的新旅程，也就是「只有自己才做得到、孕育全新世界觀的旅程」，也在此時開始了。

而這段旅程的最初十年，也就是三十歲到四十歲之間，是「失敗」的適齡期。

人的腦在三十歲前，透過所在的環境，得到看透世間所需要的大量迴路。接下來約二十八年的時間，就是去蕪存菁的時期，減少傳送電子信號到不需要的迴路，多次傳送信號到重要的迴路，藉以打造出腦的個性。這二十八年間的最初十年，剛好就是三十歲到四十歲之間。

為了讓信號能多多傳送到成功迴路，最合理的做法就是先捨棄失敗迴路，因為這樣可以減少認知的選項。

腦總是習慣「因循系統論」的歸結。換句話說，三十多歲時的腦其實是渴望失敗的。

因為還沒有排好優先順序，所以總是會浮現許多選項，窮於選擇。就算做出選擇後，也還是會困惑。歷經這種痛苦過程選擇後的結果，失敗的機率又很高……這一連串的經過，對三十多歲的腦來說，其實是理所當然的。

雖然過程可能很痛苦，但只有痛過苦過的腦才能成為一流的腦。人在三十多歲時，真的要主動勇於「失敗」。

話雖如此，三十多歲時一般人也正好開始踏上成功大道的階梯。一邊感受到痛苦，同時卻因為有苦有笑，而交織出有血有淚的各種故事。或得到獎賞，或得到升遷，甚至墜入愛情的魔法中。不經一番寒徹骨，焉得梅花撲鼻香。經歷過的痛苦越多，開出來的花朵也就越美，這就是人生。

這都是因為人類的腦，就是將體驗轉化為感性的電子迴路。電子信號的振幅就像鐘擺一樣，正向擺動幅度越大，負向擺動幅度也越大。

「失敗」帶來的痛楚越深，也就越保證相關迴路能確實取得輝煌的成果。

如果你想成為真正的英雄，就必須忍人所不能忍，踏上布滿荊棘的人生道路，這是無可避免的過程。

所以一旦遭受到失敗的痛楚，請為自己感到驕傲。因為那足以證明你的腦是真正的腦，經得起考驗，你是神明特別挑選出來的人。

每次我遇到挫折，覺得自己快不行的時候，我都會這麼告訴自己：「如果將來有人要把我的人生拍成一部晨間長壽劇，沒有這些試練，腳本大概拍不了半年」。果然到了五十五歲左右，就不會再遭遇這種痛苦，我也沒機會再這麼妄想了（微笑）。

順帶一提的是，經過去蕪存菁的二十八年後，由五十六歲開始的二十八年間，可就是腦展現最大輸出性能的時期。

這個時候人的腦已經能瞬間看穿事物的本質，成為只看得到致勝道路的腦。因為腦中的電子迴路已經去蕪存菁，看不到多餘的東西，也就沒有那麼多煩惱的源頭了。

將棋名人米長邦雄[06]五十多歲時接受採訪，當時他這麼說：

「二十多歲時我可以預測對手接下來的幾百手棋，但五十多歲時已經做不到了。可是不知道為什麼，五十多歲時的我反而比較強。」

二十多歲時雖然能預測對手接下來的幾百手棋，但卻必須從中找出可以致勝的方案。五十多歲時雖然只能預測幾手棋，但卻只看得到致勝方案，所以完全不會有問題。

人類的腦的完成期出乎意料地晚。五十五歲以後會擁有什麼樣的腦，這才是真正的關鍵所在，就算在二十多歲或三十多歲時落後對手，也完全不成問題。

隨著年齡增長，分出勝負這件事也越來越有趣。俗話說大器晚成，年紀越大所能獲得的成果越大，而且成果中還會帶著屬於你的個人色彩。所以最好不要太早獲得大家都容易了解的成果。小時了了大未必佳，真的是這樣。這句話一二〇%正確。我完全不是在安慰你，或是因為惜敗才這麼說。

06 編註：米長邦雄（一九四三～二〇一二），永世棋聖，被視為日本二十世紀七、八〇年代最出色的將棋棋士之一，曾任日本將棋聯盟會長。

「超乎反射神經的反應」才會讓你成為英雄

要相信自己。

這是在超一流的場合要獲得成果的絕對必要條件。

「相信自己。」

這句話也是職網選手錦織圭的新任教練張德培，常常掛在嘴邊的一句話。當時錦織圭正面臨碰到瓶頸，無法再上一層樓的問題。

在網球比賽中，選手必須在危急關頭有積極向前的勇氣，而在機會來臨時，反而必須有忍耐的器量。這是對於網球選手的考驗。在危急時要險中求勝，而機會來臨時又不能操之過急。

站在對戰選手的立場來看，明明你已經陷入困境了還積極向前衝，這是反射神經上意料之外的反應。這種反應會對神經系統帶來衝擊。反之亦然，明明大好機會就在眼前，你卻不急著進攻，悠然以對，這也是反射神經上意料之外的反應——對手會因此被你逼入絕境。掌握機會的一方如果急著求勝，就容易發生失誤，反而是穩紮穩打慢慢來，等待對手自取滅亡，比較有利。

我現在沉迷的國標舞也是一樣的。在男女成雙成對共舞的國標舞中，有些舞步要朝著舞伴跨出一步。一般來說眼前有人時，正常人的直覺都是要避開眼前的人。不過這種舞步就是要挑戰舞者是否有勇氣，朝著舞伴的領域跨出一步。相反地在旋轉的舞步中，因為承受強大的旋轉離心力而感到不安時，正常人都不禁會想伸手抱住舞伴。這種舞步也是要挑戰舞者是否有伸直自己的雙手，放舞伴自由的勇氣。

這些舞步都違反了反射神經，對舞者來說是非常嚴苛的條件，可是這種反射神經上意料之外的反應，卻能感動觀眾。所以在舞蹈表演中出現這種舞步時，可說是讓舞者看來最像一流舞者的最大感性賣點，這種說法一點兒都不誇張。

在商業英雄的身上，其實也可以看到相同的現象。

在一般年輕人會失望而放棄的狀況，有些人會很高興地主動接手。在一般年輕人表現傲慢的情景中，有些人會謙虛以對。這些「反射神經上意料之外的反應」，正足以感動商場老手。

然而要能夠瞬間採取「反射神經上意料之外的反應」，可不是一般人做得到的事。正因為一般人做不到，所以才能愚弄敵人，感動四周的人。

唯有相信自己，毫不動搖的人，才能做到這一點。

「失敗」過的人才能鍛鍊出機智迴路

要相信自己，就必須在自己的腦中，建立可以這麼想的狀況：「不論多麼危急，我一定可以找到突破的方法。這個方法就算失敗，我也有足夠的機智，可以將危機轉化成未來的智慧。」

錦織圭在打進二〇一四年美國網球公開賽準決賽時的記者會上表示，「我想我應該已經沒有贏不了的敵人了。」他就是已經到達這種境界了。

要到達這種境界，就必須有基礎力和戰略力。

自己的腦擬定的戰略，如果無法身體力行（以技術人員為例，就必須要有足夠的技術），也沒有意義。所以腳踏實地地鍛鍊基礎力，當然是不可或缺的條件。

至於戰略力就必須經過一次又一次的失敗，才能成長茁壯。經歷過越多的失敗，越能鍛鍊出機智迴路。未經過大風大浪，一帆風順地成為精英領袖，這種人的機智迴路數量其實很少，是很脆弱的人，結果通常會在做出「像自己的成就」之前就消失了。失敗又何妨，輸了也沒關係。人生的終點站越遠越輝煌，越遠也越獨一無二。

擔任錦織圭的教練張德培接受電視台採訪時很明確地表示，「失敗也沒關係。只要學會輸了就老實認輸，贏了要謙虛就好。」雖然已經說過很多次了，這裡還是要再重覆一次，做人根本不需要害怕失敗。

「不害怕失敗」與「放棄」之間的差別

不過要成為一位英雄，絕對不能逃離戰場，不能「放棄比賽」。不害怕失敗和不求勝是完全不同的。

大家都有過這樣的經驗——「明明成果還不太令自己滿意，卻必須用這個成果去決一勝負」。

這種時候其實可以不要求取全盤勝利，而是決定好自己「今天的決勝關鍵」，然後迎向挑戰。

成為英雄是一道漫長的道路。可是年輕人常常為了求取全盤勝利的滿分一百分，而讓自己的遠大情懷在過程中遭到吞噬。

世界上其實有很多無法得到滿分，而全盤獲勝的狀況。感動人心的關鍵其實並不多——在十分鐘的簡報中，只要有一句有力的話，就會給人留下印象。有時候光是這樣就可以讓事情順利進行。就算本次的企劃案失敗了，也可以得到「潛意識領域的好感分數」，有助於下一次的提案。

就算整體來看是輸了，只要你自己能在關鍵點獲勝，就會成為明天的成功案例。如果失敗，也會成為明天成功所需要的重要失敗案例。

如果處於全面放棄的模式，只是漫然地參加一場註定會輸的比賽，你的腦不會自覺到這是一次失敗的經驗。

競賽場上的逃兵大都會這麼說，「這樣也不錯。這還算好的。這種結果也非我所願。」這麼想腦就不知道這是一次失敗的經驗。

前面曾經提到過，每次遇上失敗時，腦就會提高和失敗相關的迴路臨界值，變身為更不容易失敗的腦。所以失敗對於腦而言，就像是通往明天所需要的糧食。

話雖如此，逃避決勝負而輸掉比賽的人，他的腦不會有失敗的自覺，這樣的失敗只不過會變成喪失自信的原因。

為了求勝而失敗的人，會得到容易成功的腦；逃避決勝負而輸掉比賽的人，只會得到容易挫折的腦。一樣是輸，結果可是大相逕庭。

不要害怕「失敗」，而且不放棄決一勝負。

只要遵守這二大原則，你就可以走得更遠，飛得更高。要相信你自己的腦。

世界上沒有不是英雄的男性，也沒有不能成為英雄的女性

不知道有沒有人一邊讀著本書，一邊覺得反正我又不是英雄？

我把話說在前頭：世界上沒有不是英雄的男性。英雄雖然有很多種類，不過男性腦基本上就是英雄模式的腦，這是與生俱來的特質。

不論是哪位男性的腦，都希望過著「知道自己是誰，相信自己」的人生。被好奇心驅使來探索世界，因為競爭心理而擁有基礎力，每次失敗都讓自己的戰略力更為敏銳。

這樣的過程雖然很辛苦，不過這就是男性腦的宿命。

當然，只要有所覺悟，女性也可以成為英雄。

女孩要變身成為女人，我認為就必須有成為英雄而非女英雄的覺悟。不要老想著「想被愛」、「想得到好處」、「希望別人稱讚自己好可愛（好年輕）」等等。女性也要具備基礎力和戰略力——有了這二者，「被愛」、「好處」自然隨之而來。我是說真的。

因此，現在已經不是對錦織圭選手「我想我應該已經沒有贏不了的敵人了。」的這句話，感到震驚或感動的時候了。你自己也必須經過不斷地基礎練習和失敗，達到說出這句話的境界才行。

孤高篇。

Chapter 2

Book for Heroes

你是不是很害怕孤獨？

你應該不會只因為想服務朋友，而對不痛不癢的事按下「讚」吧？

人類是群居的動物，嚴格來說人類不能離群索居。然而另一方面，如果不適度的給大腦「獨處」的時間，就無法打造出屬於自己的世界觀。

為了知道自己是誰，就必須用自己獨一無二的世界觀，而不是被給予、或用別人的世界觀，來俯瞰這個世界。

太過重視和朋友之間的聯繫，連睡前都還捨不得放下社群網站，這樣的人無法打造出獨一無二的世界觀。這樣的人只會懂得大樹底下好乘涼，附和別人的意見，淹沒在其他一大群沒有主見的人群中，過完這一生。

你是不是也很想當個別人眼中的「好學生」？所謂的好學生，就是可以比別人更快答出事先確定的和諧答案的人。如果可以比別人更快答出大家都想得到、而且都理解的答案，在小型組織中，應該有一段時間會被大家捧上天吧。可是如果永遠都無法答出「只有你才能答出的答案」，最終你就不過只是「芸芸眾生中的一個人」。

會拿起本書閱讀的人，就不會是「芸芸眾生中的一個人」。從今天開始確保屬於你自己的孤高時間吧。

「孤高」是「創造性腦」的必要條件

我認識一位美容師砂原由彌小姐，我打從心底對她尊敬不已。她是一位囊括業界大小獎項，並且是知名男女藝人競相指名的超一流髮妝師。

有一次我去參加談話性節目，剛好有榮幸認識她。我向她請教成為一流專家的秘訣，結果從她口中冒出「孤高」這個詞彙。她說，「人一定要懂得孤高。年輕美容師很喜歡結黨成派。即使當天工作結束，也會一起練習，一起去吃飯吐苦水，甚至一起熬夜。我覺得這種行為只會剝奪創造力，所以不會和她們一起行動。」

「我店裡的年輕員工只要工作結束，就會立刻回家，好好睡一覺，然後第二天一早來店裡練習剪髮和燙髮。通常天還沒亮大家就都在店裡了。」

砂原小姐提到要成為一流專家，有三個秘訣：「要懂得孤高」、「睡得好」、「營養均衡」。這三個秘訣都和腦科學的理論有著異曲同工之妙，令人激賞。關於睡眠和飲食，我們可以另闢主題研究。這裡要談的是「孤高」。

人類的二種腦：因應現實型 VS 未來創造型

一般人的腦分成二半，也就是俗稱為左腦的左半球，和俗稱為右腦的右半球。左右腦各司其職，時而攜手合作完成輸出（思考、言行舉止）。

左腦領域直接和顯意識相連，操控語言和數字，解決現實生活中的問題。右腦主要負責潛意識領域，在腦的主人不知不覺中，收集外界各種資訊，創造印象，建構起世界觀。

連接這二個半球的是「腦樑」，也就是神經纖維束。

腦樑的功用，就是把右腦所形成的印象轉化成符號，傳送到顯意識。簡單來說，就是「將感受到的訊息傳遞到顯意識的通路」。

常常利用這條通路傳送信號的人，他的感受會接二連三地轉化成語言，所以很多話。而且分析對方說話的能力也很好，也會藉此收集潛在資訊，經過幾十年的孕育，就可以利用這些知識隨機應變。甚至這種人對於周圍的細微變化也很敏感（有很敏銳的第六感），常常在自己不知不覺中，守護著周圍的人。

看到這裡我想你一定發現了，這正是女性常見的才能。女性腦的腦梁傳遞的信號數量極為豐富，據說是男性腦的幾十倍，甚至高達幾百倍。其實女性腦的腦梁天生就比男性腦粗壯二〇％左右。靠著敏銳的察覺力和隨機應變的能力，女性們徹底守護自己認為重要的對象。女性們防患於未然，養育嗷嗷待哺的嬰兒長大成人，照顧身旁男性的身體健康，在家庭或在職場上都圓融處事。

另一方面，要在腦內創造出豐富的世界觀，某種程度來說必須切斷左右腦的連結，讓信號能傳送到左右腦的各個角落。

對於右腦來說，要創造出豐富的世界觀，就必須讓感受維持著感受的形態，不轉化成語言或符號，有模糊發呆的時間。

甚至於值此同時，如果左腦中的信號傳送到左腦的各個角落，腦中的世界觀就會變成自己的理念。

這種時候幾乎不會發生以腦樑為中介，連結左右腦的信號。應該是說根本沒有多餘的心力，把電子信號用在這裡。

這種狀態也就是創造世界觀、建立理念的時間，此時大腦的主人，看起來好像就只是在發呆而已。就算對他說話，也只能得到模稜二可的回答，他也無法察覺自己眼前之人的心情或行為。而他自己本人也因為「腦中正在發生的事」並未符號化，所以根本不知道自己的腦正在進行如此浩大的工程。

簡單一句話來說，天才在家中通常無用武之地，甚至常被家人認為是廢物。如果交了男女朋友，也常常會因為不太關心對方的事，而被對方懷疑愛情或交往的誠意。

天生腦樑較細的男性腦，基本上就是這種天才腦型。只要家中有兒子的媽媽，都知道八歲前的小男生，看起來會比同齡小女生「呆」。其實據說物理學家愛因斯坦到五歲還不會說話，坂本龍馬[07]在三歲前也不會說話。這二位都是異於常人的「呆少年」，也都具有常人欠缺的世界觀創造力。

等到長大成人後，一般男性在假日時，或多或少都需要一段「當廢物的時間」，不然就無法好好工作。至於需要廢多久，當然因人而異，有些人或許假日上午半天都只能發呆。

因此為了創造世界觀和理念，切斷左右腦的聯繫是必要的。如果沒有這種能力，大概就不會有宇宙論或經濟學的問市，也不太可能繪製複雜的圖面蓋出一棟大樓，或生產電子機器，甚至讓高鐵按照時刻表準時行駛。

這個世界需要二種不同的腦，缺一不可：一種是「現實因應型腦」，雖多話但能察覺周圍的變化；另一種則是「未來創造型腦」，能產生不同於現實世界的全新世界觀。以人類來說，前者主要是腦樑較粗的女性腦，後者主要是由男性腦負責。當然，女性之中也有人擁有未來創造型腦，也有男性的腦是現實因應型腦。腦的性別差異並不像人體那麼絕對。

在一個頭蓋骨下方同時擁有這二種腦的人，才能成為一流人士。

英雄腦屬於混合型腦

先切斷腦樑的通路，在潛意識下創造豐富的世界觀，然後再經由腦樑，將這

07 編註：坂本龍馬（一八三六～一八六七），日本幕末時期的維新志士，為促成了影響日本近代史上最重要的兩大事件「大政奉還」和「明治維新」之重要推手，在三十一歲時被暗殺身亡。

個世界觀一口氣投射在顯意識掌握的現實世界中，這樣的行為就是被稱為「靈光一現」、「第六感」、「掌握要領」的大腦活動。

具有豐富的世界觀，左右腦又能在必要的時候迅速合作。擁有這種腦的人，通常就是大家認為「有才華」、「直覺力很強」、「第六感很靈」等等的人。

如果不處於這個狀態下，你就無法找出只有你才能做到的事。陷入絕境時也無法找出解決之道。

換句話說，只有兼具現實因應型腦和未來創造型腦的混合型腦，才是英雄腦。

所以平常我們就要適時切斷左右腦的連結，讓左右腦既有自己的時間，可以將信號傳遞到腦內每個角落，也有互相合作的時間。這才是打造出英雄腦的方法，也是英雄理想的生活習慣。

打造英雄腦的方法之一：跳脫他人的期待

要切斷左右腦的合作，就必須跳脫他人的期待。一天之中必須有一定的時間，不擔心別人怎麼想，也不對事情的發展耿耿於懷。所以英雄不能老是和朋友攪和在一起，而且那也正是「成為一流的秘訣」。

在前一章〈失敗篇〉中也曾經提到，關鍵時刻可以採取「反射神經上意料之外」的反應，正是一流專家的佐證。

在這裡也要提到一個重點，那就是日常生活中，不要養成「隨波逐流」的習慣。如果只會跟著別人說「有，有」、「我知道，我知道」、「好耶，好耶」，大腦的感性就會接近「全體大眾的平均值」。這麼一來當然就不可能打造出「反射神經上意料之外」的反應，也不可能感動周圍的人。

打造出全球知名精品品牌「香奈兒」（CHANEL）的香奈兒女士（Coco Chanel）就曾經這麼說：「因為我想成為特別的存在，所以一定要與眾不同。」如果老是在意別人的想法，和別人的意識一同生活，絕對不可能成為英雄。

沉迷社群網站會毀滅英雄腦

所以我要警告大家：社群網站是消滅世界上英雄的道具。如果社群網站成為生活的一部分，除非你是自制力很強的人，否則就很容易人云亦云。這是因為如果社群網站成為你生活中的一部分，連沒有社群網站就不會有交集的點頭之交的小小動向，你都會十分在意。

把社群網站當成商業人士必備工具的人會說，正因為如此，才能大量收集到各式各樣的資訊，甚至有人會說能從中得到意外的啟發。

不過站在腦科學的角度來看，我不能苟同這樣的意見。

原本腦就是一種裝置，「自然會接收到對自己來說必要的資訊」。潛意識掌握到的資訊是顯意識的幾百倍，然後只把判斷為必要的資訊傳送到顯意識。

如同〈失敗篇〉所提到的，我們在一片吵雜聲中，還是可以抓到小小聲呼喚我們的聲音。這正是顯意識只掌握到吱吱喳喳的吵雜聲，但潛意識卻掌握到各種資訊的證據。換句話說，潛意識的纖細聰明程度，是顯意識的好幾倍。

要由眾多資訊中，彙整出日後能創造出暢銷商品的靈感，這只能靠潛意識的力量。巧妙運用潛意識，才是吸引運氣的基礎力，可是在社群網站上，所有資訊都是在顯意識的層級，用雙眼去看的資訊。因為社群網站是一個為了看而存在的道具。而且上面的所有資料，幾乎都有相關評語——這也是多餘的。因為隨意解釋別人的話，這種行為正足以強化腦的顯意識，而讓人遠離潛意識。

換言之，社群網站只能打造出隨波逐流的腦。再加上社群網站提供的海量資料，對直覺其實沒有什麼幫助。人還是得靠自己的雙腳，腳踏實地地前進。

社群網站會剝奪英雄腦的想像力，攪亂吸引運氣的力量。

社群網站是打造出人云亦云的「聽話大眾」的絕佳系統，所以商人們沒有不加以利用的道理。然而，如果自己的腦因為這種「萬人腦的同化道具」而退化，那就得不償失了。

所以記得要和社群網站保持距離，只把它當成道具來使用。很容易受他人言行影響的人，也可以選擇拒絕使用社群網站。至少在深夜（晚上十點到凌晨兩點）之間，不要使用社群網站比較好。

這段時間是荷爾蒙分泌最旺盛的期間，有關這一點，後面會再詳細說明。所以這段期間內，我一點都不建議大家盯著電子機器的螢幕，造成下視丘的壓力。因為視神經後方，是主宰自律神經的下視丘，下視丘的後方則有腦下垂體，腦下垂體會發出分泌荷爾蒙的命令。如果深夜還盯著電子機器的螢幕，就會阻礙幫助睡眠的荷爾蒙（褪黑激素）分泌，影響睡眠品質，無法消除疲勞。

而且第二天以後的創造力，也會因此後繼無力，身體難以分泌出帶動幹勁和好奇心的荷爾蒙，會越來越沒用。連男性荷爾蒙都會因此枯竭呢。

除了社群網站之外，最好也要避免和死黨膩在一起聊通宵的行為。

「孤高」是英雄的共同感性

孤高是所有成為英雄的人共通的感性。

「本來我的朋友就不多。我真的很討厭純為『應酬』的聚餐。」這樣的人就是天生具備英雄感性的人。即使如此，在過度重視「牽絆」或「察言觀色」的現代，就算是具備英雄感性的人，也會受到「不這麼做好像不行」的氛圍影響，而配合周圍的人一起「成群結隊」。

現在立刻從這種狀態中，一溜煙兒地逃開吧。本篇一開始介紹的美容師砂原小姐，正是因為這麼做了，現在才能成為活躍於世界舞台的超一流髮妝師。你可以想像一下，在理所當然會成群結黨的美容院中，有一位身材嬌小的孤高少女，少女要能在這樣的環境中堅持己念，需要多麼大的勇氣。可正是因為踏出這一步的勇氣，讓她有了與眾不同的未來。

不找人吐吐苦水，尋求他人安慰，就活不下去的人，其實可能只是習慣和他人成群結隊罷了。所以就從改變自己的生活習慣開始吧。一開始只要把握深夜兩小時的時間就好，為了確保孤高的時間，就從在這段時間內遠離社群網站，早早離開聚餐回家開始吧。

打造英雄腦的方法之二：鍛鍊直覺力

如果能確保擁有孤高的時間，成為可以開創獨家世界觀的腦，接下來就要鍛鍊直覺力。要鍛鍊直覺力，就必須進行訓練，讓左右腦合作的信號，在需要的時候能瞬間爆發。

這也就表示可以把存在右腦領域的資訊，任意輸出到左腦的顯意識中。

最好的訓練就是舞蹈、運動、藝術、或被稱為「術」、「道」等的嗜好。還有一個方法，就是養成徹底「為他人著想」的習慣。

紳士喜歡國標舞，武士喜歡書法的理由

這裡用舞蹈為例：所謂的舞蹈，就是事先想像好「要這樣擺動身體」，然後配合現在聽到的音樂特性，活力充沛地調整自己的動作，任意輸出。如果是男女成雙成對舞動的國標舞，就必須一邊衡量女性舞伴的能力，一邊帶領舞伴（女性則必須感受到男性的引領），而且還必須敏銳地察覺舞池中其他舞者的動向。所以從事這項活動時，左右腦的合作可不是普通的密切。大腦的輸出和輸入都是同時多線進行，處於複雜交織的狀態。

武士道也一樣。事先透過型[08]與練習揮擊的動作，建立身體印象，然後再因應對手的動作，瞬間祭出平常培養出的身體印象對戰，所以在這項活動中，左右腦的合作也不是普通的密切。

再者，像書道或茶道等將大腦描繪的輸出，流暢地用身體描繪而出的舉止行為，也是左右腦合作的成果。

西洋統治階級的男性喜歡國標舞，日本武士則嗜好書道與茶道，這應該都是為了替大腦充電，以培養明日上戰場時所需的直覺力，都是重要的腦訓練活動。

這麼想來，被稱為「紳士的運動」的網球，也適合用來訓練英雄腦。高爾夫球、撞球也一樣，摩托車賽或自行車賽亦然。另外下西洋棋、圍棋、象棋時雖然身體不動，但左右腦的密切合作可是宛如暴風雨般，緊湊不已。成功男性都有合理的興趣。或許應該這麼說，會成功的人，都擁有「能切斷左右腦的連結，自由地描繪屬於自己的世界觀，同時偶爾又喜歡左右腦密切合作」的腦。

08 型：武士道中的「型」概念類近於武術中的「套路」，招式組合之意。

愛因斯坦如何鍛鍊直覺力？

音樂也是左右腦必須合作的行為。看著樂譜的記號，必須在腦內將之轉換成印象，再轉換成控制肌肉的信號，以便能流暢地操控樂器。或者是轉換成控制聲帶的信號。甚至還必須配合其他的樂器或伴奏，改變控制的信號。這是可以刺激左右腦密切合作的絕佳訓練。

眾所周知，愛因斯坦也是知名的鋼琴家和小提琴家。我想音樂一定是他偉大發現背後的推手之一。

要充分利用音樂力量找出活路，我想光上KTV唱唱歌是不夠的。重要的是把樂譜轉換成情緒的世界觀之行為，所以要不要考慮試著挑戰樂器演奏或聲樂呢？

讓腦內的印象具體成型的藝術或料理，也是鍛鍊直覺力的絕佳訓練。特別是料理，因為必須充分運用五感面對食材，不論是大腦的輸入或輸出量，都驚人的頻繁。自古以來就有一種說法，認為女性之所以比較不容易失智，就是因為要負責料理，我想園藝和農耕也有異曲同工之妙。

以讓印象具體成形為核心，然後再匯入來自對手或目標物的資訊，隨時改變輸出的行為。在你的生活中培養這種興趣吧。這樣就可以在不知不覺間鍛鍊自己的直覺力。

而且在投入興趣的期間，至少就可以讓大腦自社群網站或工作的糾結中，獲得解放。這麼一來，自然而然就可以確保「孤高」的時間，所以請大家務必培養這樣的興趣。

運動是鍛鍊腦的必要方法

順帶一提的是，只有在運動時，腦才會同時分泌多巴胺（dopamine）和去甲腎上腺素（noradrenaline）這二種荷爾蒙。前者可以讓腦成為好奇寶寶，而後者則可以讓腦專注在一件事情上。

同時分泌能對任何事物都充滿興趣，誘導神經信號一再深入的多巴胺，和能控制其他雜訊的去甲腎上腺素時，就是腦最能追究真理的時候。這種時候你的學習效果事半功倍，工作成果更是非凡。

因此養成做一些會流汗的有氧運動的習慣，可說是成為英雄的條件之一，這種說法一點兒也不誇張。

前面提到的左右腦合作訓練中，如果你選擇會同時運動到身體的訓練，當然是一舉兩得的做法，如果你選擇的不是這樣的訓練，最好搭配散步或慢跑運動。

徹底為他人著想，也是英雄的必要條件

人類只有在去除自我，徹底為他人著想時，左右腦才會激烈合作。因為此時腦必須把他人的想法和情況，化為自己腦中的印象，然後連接到顯意識層級才行。

如果是在商業的場合，在你能設身處地為顧客著想的那一瞬間，常常就會蹦出可用的直覺。

本篇一開始介紹的美容師砂原小姐，在我們對談時，她用了「進入顧客裡面」的說法：「我會試著進入顧客裡面，就好像是躲在大玩偶裡面一樣。這麼一來我直覺就會知道顧客想怎麼辦，也不會迷惘該怎麼做才好。」

與會來賓問砂原小姐，「當你意志消沉時，如何振作呢？」她的回答如下，「我從來不會意志消沉。因為我的腦海中只有顧客的事。就算顧客向我抱怨，我大概也只會認真思索怎麼做才好。我從來不曾覺得自己很可憐委屈。」聽到這個回答

時，我不禁瞠目結舌，因為砂原小姐完全是不輸給鹹蛋超人的超級英雄啊。

是的。鹹蛋超人不知為了什麼，從幾萬光年遠的外太空來到地球，只為了拯救地球上的小朋友。他滿心只想到別人的事。就算沒有獲得小朋友的感謝，就算沒有得到他人的安慰，他都不會意志消沉。只要能拯救小朋友，他就於願足矣。這種人具有自己的世界觀，而且不會輕易被動搖。他們不靠別人的評價而活。

「在意別人看法」不等於「為他人著想」

徹底為他人著想，和在意別人看法，是完全相反的二回事。

從結論來說，「在意別人看法的人」，說穿了只不過是「為自己著想」。只不過大多數「在意別人看法的人」，都還沒發現這一點而已。

不想麻煩別人？No，No，No，其實你只是不想讓別人說三道四而已。你只是不能忍受自己不是「好孩子」而已。

徹底為他人著想的人，並不會拘泥於他人的評價。因為只要顧客滿意，就是他們最大的成就感，他們的目的並不在於要得到別人的讚揚吹捧。就算被人斥責，他們也只會認真面對顧客的不滿而已。

所以能徹底為他人著想的人，其實是非常堅強的人。就算被人斥責，他們也能理解那是「對事不對人」，不會以為別人是在否定「自己」。所以只要反省自己的「不足之處」即可。

在意別人評價的人會失去自我

把他人的評價當成自我存在意義的人，永遠不可能是堅強的人。因為只要一遭人斥責，他們就會覺得別人在否定自己的人格。

所以這種人很怕遭人斥責，很怕被人責怪。而這種感覺最終會讓在意別人看法的人失去「自我」。為了避免挨罵，這種人甚至可以指鹿為馬。到最後，只要可以息事寧人，是鹿還是馬都無所謂了。腦中不再有「自我」意識，然後就會更在意他人的看法，結果落入地獄般的惡性循環。

我並不是在指責「為自己著想」不對。而是覺得只會為自己著想的年輕人，實在是太可憐了。

他人的一句話一個眼神，就會刺傷你的心，讓你精神上大受打擊。就算別人問你「你怎麼看？」你也只敢說些不痛不癢的意見。因為欠缺全新的創意發想，當然也不會有暢銷作品。

這樣的人生不是很辛苦嗎？

話雖如此，不論再怎麼強調「要堅強面對被罵這件事」、「要有自己的想法」，如果只流於精神主義，也無法改變現況。

我要再重申一次，絕對不要活在別人的想法中。在意別人怎麼想，對英雄的人生來說，一點意義也沒有。只要想著你可以為他人做什麼就好，或者只要想著自己想做什麼即可。

史帝夫·賈伯斯在二〇〇五年史丹佛大學畢業典禮的演講中，提到了以下這一段話——

……人生苦短，所以不要浪費時間活在別人的生活裡。不要被教條困住，盲從教條就是活在別人思考的結果裡。不要讓他人意見的雜音，壓過自己內在的心聲。最重要的是，要有勇氣去追隨自己的內心與直覺。你的內心與直覺已經知道自己真正想要成為什麼樣的人。任何其他事物都是次要的。

Your time is limited, so don't waste it living someone else's life. Don't be trapped by dogma-which is living with the results of other people's thinking. Don't let the noise of others' opinions drown out your own inner voice. And most important, have the courage to follow your heart and intuition. They somehow already know what you truly want to become. Everything else is secondary.

必須要找到自己的最愛

排除為自己著想的心（徹底為他人著想），可以讓你擁有更敏銳的直覺。

只要可以停止為自己著想，之後你只要跟著直覺走就好。

我們都是為了活出自己的人生，才來到這個人世間的。如果只是過著別人的次等人生，就沒有生存的意義。更別說是抱著「全體大眾」的淺薄人生觀生活，那實在是太愚蠢了。

現代的資訊空間讓我們看到的「全體大眾」，其實是根本不存在的東西。會在臉書上幫你按「讚」的人，是不是真的願意投資你的新事業？其實根本不會。相反地，不論你在網路上如何遭網友圍剿，真正的朋友也不會因此離你遠去。會抱怨的顧客，只要因應得當，反而會成為回籠客。會罵你的上司永遠不會放棄你。其實不論他人怎麼說，一點兒也不可怕，真的。

我再提供大家一個提示吧。

賈伯斯在同一場演講中也說道，「你得找出你的最愛」。就算叫你跳脫「為自己著想」，立刻變成「為他人著想」的人，可能也很不切實際吧。如果真的無法做到，那就從找出「最愛」開始著手，也是一個好方法。

「最愛」不必要是很浩大的工程，一件小事也無妨。

當腦海中有比自己更重要的存在、有自己感興趣的東西時，人們就很自然地就會跳脫「為自己著想＝在意他人想法」的陷阱。如果你的「最愛」還是其他人不容易理解的東西，這樣更好。

因為自我界線不明顯的人，很難意識到「自我」，但如果以「我的最愛」為主軸，知道自己和他人的不同，就可以很自然地分辨出自我的界線。所以事不論大小都有效，重點是要能在腦海中建立這樣的機制。

青春期沉迷於搖滾樂或機車，也是男孩建立自我的重要訓練。越是讓父母眉頭深鎖的興趣，效果越好。

深愛到無法自拔。你有這樣的興趣嗜好嗎？

另外，明明也不是特別喜歡，只是為了應急交代，就隨便找個興趣充數，這樣只會讓你尋找「最愛」的感性喪失敏銳度。

不可以因為寂寞，就隨便交個朋友或找個戀人充數。也不能因為怕麻煩，就隨便買個東西來吃，以為有吃就好，因為這樣你永遠不可能找到「你的最愛」。

我們不可以小看人生。因為這些日常生活中的瑣碎小事，能打造出你的腦，而你必須靠著這個腦，去面對人生的大風大浪。

做人不可以受他人的想法擺布。一定要找出自我。

所以人必須要有孤高的時間，有可以讓左右腦合作訓練的興趣嗜好，成為徹底為他人著想的人，找到自己的最愛。

能做到這一步，自然可以成就比其他人更棒、獨一無二的你。不用想太多，也可以說出其他人不敢說的話，留下其他人走不到的足跡。只要有你在的地方，就會帶來數不盡的感動。

我說的都是真的。為了建構腦的迴路，這都是必經的道路。如果你覺得我在說謊，不妨親自試試看。你一定不會後悔的。

Book for Heroes

自尊心篇。

Chapter 3.

你有沒有遇到過讓你無法容忍的事呢？

有沒有什麼事，是當朋友萬一做了，會讓你無法容忍，而決定把友情放一邊，向他提出諫言？

所謂的自尊心，就是自覺到「不可動搖的自我」的感覺——是感覺到自己在這裡做這件事，具有非凡意義的感受，是決定人生方向的重要感性。

人如果沒有自尊心，什麼事都做不了。

正因為有自尊心，人才敢對他人的干涉，果決地說「不」，也可以忍受嚴苛的工作。

然而如果有人叫你要「擁有」自尊心，大概不少人都會愣在那裡吧……

所以本篇要來說明什麼是自尊心，以及如何擁有自尊心。

自尊心是大腦的羅盤

一九五九年七十多歲的香奈兒女士在接受電視台採訪時，展現出無比美麗的自尊心。

當記者詢問她對於當時流行的迷你裙，有什麼看法時，她這麼回答：

「真是太令人厭惡了。我實在不懂女孩們為什麼要穿那種東西。我也不理解喜歡看女孩們打扮成那樣的男性心理。露出膝蓋的女孩實在很不入流，讓人看光的服飾一點兒也沒有吸引力。

不是每個人都是十五歲。雖然很遺憾，但這卻是現實。女孩們要到四十歲才能成為真正的女人，才懂得該如何穿著打扮。我會為了真正的女人，守護矜持的優雅，奮戰到底。」

也正是在這一年，香奈兒女士發表了流傳後世的香奈兒套裝——無領短版外套，搭配長度及膝的窄裙，成為經典的優雅風格。一九六三年當時的美國總統甘迺迪（J.F. Kannedy）在達拉斯（Dallas）遭暗殺時，身旁的賈桂琳（Jacqueline Kennedy）夫人身上穿的就是香奈兒套裝。香奈兒套裝備受女性政治家、文化人士、社交界貴婦們的喜愛，由誕生到一九八〇年代，一直都是全球女性心目中憧憬的對象。現在它則成為優雅風格的基本型之一，就算不明稱它為香奈兒風，所有品牌也都競相推出這種風格的套裝。

香奈兒女士之所以可以孕育出這個「傳說」，是因為她有「露出膝蓋的女孩實在很不入流。我絕對不會讓我的顧客這樣穿著打扮。」的覺悟。她有敢如此斷言的自尊心。

事實上，迷你裙也有其魅力，一定也有很多人不覺得露出膝蓋是不入流的事。當時對於香奈兒女士的發言，也有強烈的批判聲浪：「她根本就落伍了！」換言之，迷你裙的是非對錯根本就沒有定論。

然而問題不在於有沒有定論。重要的是香奈兒女士敢站在斷言「迷你裙不好」的立場。

而她的自尊心最後孕育出經典的香奈兒套裝，而且這種套裝後來還成為全球女性憧憬的服飾，風靡一世。如果當時香奈兒女士只說「迷你裙也有它存在的意義啦」，那麼她就不會飽受批評，當然也就沒有後來香奈兒套裝的問市了。

如果叫年輕人「堅定地說出自己的想法」，常常有些人會擔心「我又不知道對大家來說，我的想法正不正確」，因而裹足不前。可是在這裡，我要提出一個問題：「什麼是大家？」這個世界上從來就沒有絕對的正確。只要「（在我創造的世界觀中）我無法容忍〇〇」就夠了。只是沒必要把括號內的話說出來而已。

自尊心指示大腦應該生活的方向。它的作用就像是沙漠中的北極星一樣。如果你用其他星星找路，就會迷路。別人的星星就是別人的。做人必須要找到屬於你自己的星星。

而這樣的星星，好像都會伴隨在「無法忍受」的感受身旁。

找出自己無法忍受的東西

前面曾經提到史蒂夫・賈伯斯。對他來說，無法忍受的東西就是「醜陋的電腦」。

一九五五年出生的賈伯斯，在一九七七年打造出傳說中的一體式電腦「Apple II」，當時他年紀輕輕，不過是個二十歲出頭的年輕人。這台電腦開啟了「個人電腦」的歷史新頁。

以前的電腦必須依照處理區塊，分裝在好幾個框體中，然後框體和框體之間用醜陋的配線相連，體積又龐大又誇張，當然沒有人會想把它放在家裡使用。

當我進入電腦公司上班時，時代已經進入賈伯斯開創的電腦時代（我明明就只和賈伯斯相差四歲！）當時賈伯斯已經是高不可攀的傳說了。在這樣的八〇年代中，我們工程師之間流傳著一個傳說，也就是賈伯斯曾經發下的豪語：「我無法忍受我的房間裡有這麼醜陋的箱子。如果你一定要我用，我會製造出一台像美麗文具的電腦給你看。」

我不知道這個傳說的真實性，即使「無法忍受」的心情只是後人對於傳說的加油添醋，站在腦科學的立場來看，這都是值得深思的事。

顛覆主要的潮流，也就是大家所認為的「常識」，創造出這些傳說的英雄們，他們的「無法忍受」，都是這些傳說的調味料。因為這正是我們得以一窺他們美麗自尊心的地方。

無法忍受的事物助於建立你的自尊心

假設有一個人決定「我無法忍受示弱」。

不過如果當你示弱時，你的內在因此受傷，這個受傷的部分就是你的自尊心。

走在人生的道路上一直不示弱，累積的歲月就成為你的自信，讓你的自尊心堅不可摧。

然後有一天，你會憐愛生存方式和自己一樣的人，產生守護這些人的覺悟。這正是英雄誕生的瞬間。

沒錯。就像香奈兒女士堅定地表示：「我會為了真正的女人，守護矜持的優雅，奮戰到底。」

英雄並非是勝利者的代名詞。而用來稱呼那些為了無法忍受的事、為了想守護的人，不怕孤高的人。

當我十四歲的時候，我很討厭「依賴」。可能是因為我太狂妄了，爸爸曾經這麼罵我：「你以為是誰讓你有飯吃的？」我因此屈服在這句話之下，不敢堅持我自己認為對的事到最後。

做為一個父親，爸爸說的話並沒有錯。不過我的自尊心卻因為自己屈服了，而受到傷害。

當時我內心就做了這麼一個決定：「等我長大成人，我這一輩子都不要再讓別人有機會對我這麼說。無論如何，我一定要自己賺錢養活自己。」

等到我五十三歲時，我突然想到這三十年來，我都可以算是自食其力。這不單是指家計經濟層面。這三十年來，當我無法說出自己覺得正確的想法時，我也不會因此屈服，就算辭掉工作也在所不惜。我從來不曾為了想持續受到誰的庇護，而改變自己的想法屈從。

這種做法到底對還是不對，我也不知道。可是當我發現自己貫徹這樣的做法時，在我心中有一顆小小的種子因此發光了。

從那一天起當我用顧問的身分發言時，我的發言好像都帶有魄力，發揮了自己想像不到的效果，不用說太多也可以達到目的。

不論發生什麼事，我都想守護那些能不屈從依賴、英勇求生的年輕人。

真正的堅強和溫柔來自於自尊心和使命感

決定了無法忍受的事，自然會產生自信，帶來自尊心。然後又自然衍生出守護他人的使命感。

真正的堅強來自於自尊心，而真正的溫柔起源自使命感，難道不是如此嗎？老是說對方喜歡聽的好聽話，這並不是真正的堅強與溫柔。

你「無法忍受」的事，你的「一以貫之」，到底是對是錯，其實沒人知道。對於香奈兒女士和史蒂夫・賈伯斯的堅持，我其實心中也有些小小疑問。雖說二者的堅持最後都是好結局，但如果不是，可能也會被人取笑「看吧，就是太自我了才會失敗」。不過就算是這樣也無妨，因為「貫徹」自己「無法忍受」的事，對腦來說是很重要的一件事。只有能這麼做的人才能創造傳說。

你沒有時間去研究「無法忍受」的事到底對或不對。問別人也沒有用。現在立刻就找出你覺得「無法忍受」的事吧。

自尊心和「愛自己」當然不同

不過當我說「要有自尊心」時，出乎意料的是很多人無法分辨自尊心和任性的差別。這些人會反問我，「不就是重視自己的心境嗎？」

當然不是如此。重視自己的心境只不過是愛自己的表現，「為了他人或社會」，重視「自己覺得正確的事」，這種心境才是所謂的自尊心。

對於周圍的人無法理解、不可憐「明明已經這麼努力的我」，而感到焦躁不安，這其實不過是愛自己的情緒表現。

自尊心不會以這種反應來呈現。就算沒有人可以理解自己，只要自己覺得是對的，就會為了自己，也為了他人而貫徹始終。而對於貫徹始終的努力，人類的腦並不會去想「明明已經這麼努力了」。只是單純不這麼做就受不了而已。

自己覺得是對的，就為了他人而貫徹始終。這種說法聽起來好像很偉大崇高，其實不崇高也無妨。

香奈兒女士曾經這麼說，「人雖然可以習慣醜陋，但絕不可能習慣邋塌。對女性來說所謂的邋塌，就是不擦香水也不保持清潔。」

對於不覺得香水有那麼重要的日本人來說，這段話會讓日本人覺得「真的嗎？」我個人也相當可以忍受「美麗但邋塌」的人。不過問題並不在於這句話正不正確。

即使是在某人眼裡看來，不過是鑽牛角尖的想法，但正因為有這種想法，香奈兒女士才能打造出席捲全球的香奈兒香水，成為許多女性自尊心的靠山，孕育出羅曼蒂克的故事。

換句話說，你作為目標的正確性，不需要是崇高且大家都覺得是正確的。不過某個腦在某種局面下，真誠地認為是對的事，就算無法影響世界上的所有腦，也一定會對某一部分的腦產生某種程度的波及效果。

好不容易來到人世間，結果自己的一生沒有對任何人帶來任何感動，這樣不是太寂寞了嗎？

如果要追求崇高且大家都覺得是正確的目標，那就必須以成為太空人、冠軍、諾貝爾得獎者或金牌得主為目標，放棄其他的可能性，這樣只會為這個世界量產沒意義的人生罷了。

只要是一點點小小的發現，就可以撼動人心。在這個世界上你的腦是獨一無二的，你腦中的發現、獲得、看起來普遍的法則……你可以試著用「我想要告訴重要的人，和他分享」的心情，把這些事情說出來看看。你一定可以找到專屬於你的話語，而這也一定正是你自尊心的核心。

最後這個核心有可能成為讓你出名、賺得大筆財富的核心。當然，尋找自尊心最初的目的並不在此。不過這個世界上不論什麼成果，都是從尋找自尊心開始的。

試著俯瞰這個世界吧！

「我做的事，對世間來說，都是沒有任何價值的事。」

有一天，我視如己出的年輕人寄了這樣的信給我。

當時他雖然才華洋溢，但卻得不到應得的評價。

身為「年輕的天才」，有時是很殘酷的一件事。在世間還沒達到一個水平，能評價天才的產出時，在周圍的人無法理解的狀況下，身旁為你好的大人們，便會強加「世間容易了解的風格」在你身上。

二〇一四年爆紅，成為茶餘飯後話題的NHK晨間連續劇《阿政與愛莉》中，也有很多場戲描述了這種狀況。

這齣連續劇描述的是釀製出第一瓶日本國產威士忌的竹鶴政孝（阿政）的

生平。阿政精心釀製的威士忌，一開始老是被人嫌棄，理由是「有煙燻味，很難喝」、「有藥味，很難喝」。連他的老板，甚至是他後來自立門戶後的股東，也費盡唇舌地強制他「去除煙燻味，釀製符合日本人口味的威士忌」……。

可是阿政是很笨拙的人，無論如何都無法改變自己的風格。煙燻味是蘇格蘭威士忌的精神，他無法忍受自己背棄這個精神。阿政一生都貫徹自己的「無法忍受」，長年以來都在痛苦中掙扎，最後終於釀製出可以對自己交代，也符合日本人口味的威士忌。

現在阿政曾經服務過的三得利（Suntory），以及阿政創立的Nikka，都是日本最具代表性的威士忌品牌，而且其風味也都獲得全世界認可。

天才如果很笨拙，就會比旁人辛苦好幾倍，光是在旁邊看著都會為他們感到心痛。可是如果天才太精明，其實只會更可憐。

因為精明的天才，會去因應別人加諸在他身上的「世間容易了解的風格」，最後就只能照著這種風格生存。

可是這個人世間並沒有那麼好混。如果一個人不在他的腦所努力的目的地，他永遠不可能成為一流人士，大多只能成為二流人士。明明就有一流的感性，結果卻只能接受二流的評價，這實在是太可憐了。

這麼一來，過不了多久腦就無法找到人生的意義，也無法建立自我評價的主軸，經常在意「他人」的評價，只能仰望「世間」的鼻息生活，就會認為世間高高在上。

世間高高在上？

別開玩笑了。世間並非值得憧憬、祈求被認同的存在。世間不但脆弱，而且容易犯錯，是我們必須去守護的存在。就像香奈兒女士、史帝夫‧賈伯斯、阿政他們所想的一樣。

為了這個世界好，我們要貫徹自己認為對的事，有自尊心的人會這麼想。旁觀者可能會覺得你的態度「高高在上」，可是「高高在上」又有什麼不對，又有哪裡不好呢？

如果你也覺得世間高高在上，那就表示你還沒有活得像自己。而且你優異的才華也都還無法發揮出來。

如果你無法找出自己做事的意義，如果你覺得這個世間高高在上伸手不能及，那並不是因為你沒有才華。你有特別的才華，只是還沒得到世間的正確評價。因為沒有才華的人根本不會對人生感到猶豫不決。

這種時候你就試著俯瞰世界吧。

也就是可憐這個世界，這個無法理解自己看到的正確性的世界。覺得旁人強加在自己身上，所謂的「世間容易了解的風格」很遜。抱著我要讓這個不知道什麼才是真品的世界，看看什麼是真品的想法。就像香奈兒女士做過的，像賈伯斯的所做所為，像阿政的做法。

他們因為笨拙，很自然地就只會這麼做。不過精明的天才如果不提醒自己這麼做，就無法登上下一個冒險的舞台。

醜小鴨的隱喻

大家應該都聽過安徒生童話《醜小鴨》吧？

這是關於一隻體形異常龐大，又很醜的小鴨的故事。不管做什麼牠都格格不入，所以老是被其他的小鴨欺負。一開始還會幫牠的母鴨，後來也對牠的笨拙頭痛不已。

在鴨群中找不到自己存在意義的醜小鴨，最後選擇離群流浪。沒想到等牠長大之後，才發現自己是一隻美麗又高貴的白天鵝。這就是故事大致的內容。

童話故事隱喻人生。

如果把這個故事，看成具有特別才華的年輕人，經過「周圍不理解→喪失存在意義→孤高」的流程，讓才華開花結果的故事，那麼這個童話故事其實可以套用在許多英雄身上。站在腦科學的角度，也是毫無破綻、完美的故事。

如果你在目前所處的環境中，無論如何就是格格不入，不論自己有多努力，周圍的人都看不到，甚至也快被支持者所放棄的話，你很可能就是「鴨群中的白天鵝」。

離開這個群體是一個方法，就算離不開，也不要再讓自己因為「仰望世間鼻息而受傷」。鴨子的邏輯只適用在鴨子身上。雖然無法否定，也不需要崇拜。白天鵝在鴨子的邏輯中無法建立自尊心，至少讓自己的心離開這個世界觀吧。

站在腦科學的立場來說，越常遇上挫折的人越有才華。

雖然在人生道路上一時迷路了，也不用因此懷疑自己。反倒可以用此做為自尊心的核心。

人生是你自己的。除了你以外，其他人都不過是配角。只要這麼想，就沒有事情可以傷害你了。

使命感篇。

Chapter 4

Book for Heroes

「我的夢想是〇〇。」

「我的使命是〇〇。」

如果以上二句話出自二位年輕實業家之口，你會投資哪一位呢？

你會不會覺得，強調使命的實業家，好像比較能帶領事業走向成功呢？

使命這個詞彙讓人展現威嚴可敬。

從今天起，就用「使命」這個詞，來取代「夢想」吧。

別把「夢想」掛在嘴上

「為自己著想的人」口中，容易說出「夢想」這個詞。一路走來都很在意他人想法的年輕人，好不容易發現自己想做的事時，常常就會歸結到「夢想」這個詞。

由這個角度來看，一直都是好學生的上班族，創業時都想要傾訴夢想，這可能也是無可避免的結果吧。

隨著他人的想法搖擺而喪失自我，得到「好學生症候群」的年輕人，終於找到自我了，這是一件可喜可賀的事。可是大部分人的夢想，還是都無法脫離「好學生症候群」。

比方說「要讓世界更美好」、「打造雙贏（Win-Win）的事業」之類的夢想。這些夢想說穿了，都不過是為自己著想，欠缺包容的胸襟雅量，所以這種訴求夢想的未來實業家，實在是再危險也不過了。

當你把「夢想」當成事業的目的時，最好不要創業。等到你能夠以「使命」做為事業的目的，而且真的理解並信服這個使命時，再來創業吧。

為了到達這個境界，就把「夢想」這個詞，從你的字典中刪除吧。

別害怕被人討厭

如果你害怕被人討厭，就無法嘗試新事物。

其實對人類的腦來說，「喜歡」、「討厭」其實是相去不遠的感性，都是感性遭受刺激後的結果輸出，只不過方向不同而已。

「喜歡」的相反是「不關心（不看在眼裡）」。因為這是不刺激感性的活動，所以「不關心」幾乎不可能變成「喜歡到不行」。

然而由「討厭」變成「喜歡」，卻是常有的事。反之亦然。就感性學上來說，「嘴上說討厭，其實很喜歡」，的確是合理的現象。

所以因為害怕被人討厭，而說著不痛不癢的話，這種人不可能感動任何人。

以前我在廣播節目中，和小堺一機[09]對談時，他提到萩本欽一[10]對他說，「搞笑藝人唯有被人罵臭頭，才能成為真正的藝人」。有人說「討厭」、「不行」，才表示你撼動了人心。你只要想成有多少人「討厭」，就有多少人「喜歡到不行」即可。討厭其實伴隨著比你想像中多好幾倍的「喜歡」。

只有為他人著想，才有使命感

就算會被人討厭，也能直言自己意見的勇氣——只有為他人著想的人，才有這種勇氣。因為出乎意料的是，其實一般人不太敢為了自己，毅然決然地做出主張。

比方有人說自己不太敢說忠言逆耳的話。難道那不是因為在自己的腦海中，只是為了想說忠言而說的心情，占了比較高比重的關係嗎？如果你的想法是「為了他好，一定要告訴他才行」，應該就不會有任何猶豫了。

以前關西電力公司轄區內的核電廠發生意外時，支持核電團體的女性成員在看到報導後，第二天早上就立刻衝到關西電力公司的公關部門。

公關負責人原本已經做好「挨罵」的準備了，沒想到她們竟然一開口就說，「你們怎麼搞出這樣的紕漏呢？」

這些成員不愧是大阪的歐巴桑，果然非常老練成熟，如果是一般人在這種情形下，就算是用受害者的嘴臉，逼問「你們在搞什麼？真的沒問題嗎？」也不令人覺得奇怪。但大阪的歐巴桑們的口吻，卻好像是關心小孩的媽媽。

公關負責人說，他當時感動得差點哭出來。被來抱怨的人感動到想哭。後來關西電力深刻反省，認為公司在意外發生後，應該主動向支持核電的團體報告才是，後來關西電力就一直用這種態度，來面對各種狀況。

如果百分之一百是為了他人著想，就算是抱怨，對方聽起來也會覺得像受到安慰。這樣就可以不引起對方反感，卻又能讓對方聽到自己的要求。

這種話術也適用在部屬或家人身上。下次試著問他們「怎麼了？發生什麼事了嗎？」而不是直接問「為什麼做不到呢？」

銷售商品也是一樣。如果你一個勁兒只想到要賣掉這個商品，就很難開口叫人家買，可是如果你的想法是，「如果這個人用了這個商品，會有多幸福啊！」那麼你很自然地就會說出，「請您務必用看看」這樣的話。

以前我還是上班族的時候，也會極力避免太勉強的時間安排。如果當時我這麼做，是因為覺得「這樣我會很累」，我就會很難對上司說NO。但是一想到「太過勉強而影響表現，反而對明天要見的客戶很失禮」，我就可以很果決地拒絕上司無理

09 編註：小堺一機（一九五六～），日本喜劇演員。

10 編註：萩本欽一（一九四一～），日本喜劇演員、主持人、導演，主持之代表性節目有《超級變變變》等。

的要求。

為他人著想的人之所以堅強，是因為他不會站在「自己的立場」考慮事情，也不會根據「自己的好惡」來發言。

前面的例子中，大阪的歐巴桑一開口就說，「你們怎麼搞出這樣的紕漏呢？」她們其實有強烈的當事人意識。因為她們身為支持核電團體的高層，覺得自己就像是關西電力公司的一員，有責任守護核電廠。

是的，她們是有使命感的。所以她們會掛念平常就有來往的核電廠周邊的女性們，也會掛念她們所支持的關西電力公司員工。

使命感會讓人無比堅強，而且有使命感的人說出來的話，永遠都是體貼入微的話。

越身在危機中，越能守護他人

大家還記得發生在二〇一〇年的智利礦災嗎？

在那場礦災中，有三十三位礦工受困在地下六百公尺深的礦坑中，長達六十九天。最後奇蹟發生，三十三位礦工全數生還。

在狹窄又黑暗的地底空間內，三十三個人一邊對抗著礦坑不知何時會坍塌的恐懼感，一邊又只能擠在極為狹小的空間內，他們所承受的身心壓力不可言喻。在當時的狀況下，就算有人心臟病發離世，或甚至因此發瘋，都不奇怪。

在全員奇蹟似地被救出的報導中，NASA的危機管理專家特別指出，最主要的關鍵就在於三十三個人在地底，彼此互相守護。

聽說三十三位礦工總共分成三組，每組十一人。每組輪班負責三項工作：「休息」（睡眠）、「活動」（動動身體、進食）和「守護」（守護他人，如果發現異狀就要呼喚他，聽他說話）。

危機管理專家表示，第三項工作「守護」是其中最棒的措施。人在面臨不安難以忍受時，如果還要分心掛念他人，自然就會堅強起來，免疫力也會因此增加。所以越是身在危機中，越應該為他人著想。

當然有人守護著自己，這種感覺一定也發揮了很重要的助力。輪班負責這三項工作的想法，實在是令人佩服不已。

世界上有句話說：為母則強。這是因為當媽媽的人，會優先掛念自己的子女。

在自己的心中放一位比自己重要的人，並想著不要傷害這個人，要讓這個人快樂。如果你是商人，這個人應該是你的顧客；如果你是藝人，這個人就可能是你的粉絲；如果你是運動員，這個人也可能是你的家人或教練。不過如果在你心中的這個人，是「社會」、「世界」這種模糊的對象，對腦來說無法發揮任何效果。

要守護重要的人——沒有比這更崇高的使命感了。

所謂的使命，本來就不是為了自己，而是要為了他人做些什麼事的覺悟。這是一種犧牲自己也在所不惜的心情。這是英雄不可或缺的感性。

深深信服的感覺很重要

小腦是主宰空間認知和控制身體的器官，不過也和「直觀」、「直覺」、「掌握要領」有關。

最近的研究發現，小腦和小腸好像密切相關。小腦一旦活化時，主管免疫力的小腸也會隨之活化。換言之，人的腦在直覺的領域掌握資訊，並深深信服之後，人類的免疫力就會增加。

所謂的深深信服，日文就稱為「腹に落ちる」（掉進肚子裡，引申爲眞正理解的意思）。這個研究還不過是項假設，不過日本人的祖先，好像早就親身體會到「深深信服」可以活化小腸的事實。

現實生活中，當人執行自己深深信服的任務時，真的會變得堅強。

你深深信服了嗎？

會不會只有你的頭腦在高興呢？

別人交到你手上的企劃案，希望你在接手之前，先好好想一想自己有沒有深深信服。

如果你是一位運動員，不論是練習方法也好，活動身體的方式也好，最好都先仔細確認腦對於這些做法，是否都已深深信服，然後再做為是否採用這些做法的判定基準。判定的基準不是看辛不辛苦、輕不輕鬆。就算辛苦，如果符合自己的體能狀態，也應該可以信服。相反地，不論再怎麼輕鬆，有時自己也無法信服。

就算顧問或教練十分優秀，但他是否能和你完美配合，只有你自己知道。如果你的腦覺得「就是他了！」他就是你應該選擇的對象。一開始先聽聽看他的話並照著做，如果腦海中還是隱約覺得奇怪，無法壓抑懷疑的念頭，那麼最好還是中止合作比較好。

那個企劃案對別人來說，可能是很好的案子。但只要你的小腦不能信服，就不是你的企劃案。人八歲以前，小腦就已經具備了所有的功能。在這個時間點，控制身體的方法已經有固定的個性。這種感性雖然可以延伸，但品質卻無法改變，所以小腦是不受欺騙的。

再加上對於小腦不能信服的事物，人的耐性很低，耐性低的人不能成為英雄。也就是說，不論一般人認為那個企劃案多麼優秀，只要你不能信服，對你來說那就是一個愚蠢的方案。

傾聽自己內心的聲音

要能傾聽自己內心的聲音，亦即讓自己頭腦的感覺表面化，平時就必須鍛鍊自己的直覺力。就如同本書一再提到的，必須要為自己保留孤高的時間。而且也要習慣做左右腦的合作訓練。如果平常不勤於自我鍛鍊，終究不可能得到「深深信服的感覺」。

另外，當有必要確認自己是否深深信服時，可以在當天早上進行冥想。

讓自己身體放鬆坐在椅子上，靜靜閉上雙眼，度過十五分鐘左右的時間。如果腦海中總是閃過很多雜事，靜不下來的人，可以放一些沒有歌詞的音樂，讓自己沉浸在音樂中也行。或是讓自己處在喜歡的香氛中也無妨。重點就是讓你的腦「跳脫不斷浮現的雜事」。這麼做的目的就是要讓左腦休息。

如果是偏重使用左腦，容易只施展一些小策略、小聰明，無法讓潛藏在腦海深處的信號浮上顯意識。

所以我非常建議大家養成冥想的習慣，因為這是提高直覺力的最佳訓練方法。

另外像是抄寫經文，也是「讓腦子跳脫不斷浮現的雜事，提高直覺力」的訓練。念佛頌經也有一樣的效果，而且念佛頌經的語感還可以刺激腦部。提倡「念佛頌經拯救世人」的宗教，從腦科學的觀點來看，也不是全無道理，一定也可以闡明其機制。

其實就算沒有科學根據，只要你可以靠著這些行為沉澱下來，對腦來說就是很有意義的事。請找出可以讓你自己神清氣爽，心靈沉靜的方法。

如果沒有深深信服的感覺，就不會有使命感。

「受害者式發言」會降低你的高度

比方說下單採購後，送來的商品卻不是採購單上的商品時，有些人會說「這是類似型號的商品。如果下單時我有提醒對方注意就好了」。

明明寄出了正確的開會通知郵件，對那些沒來參加會議的人，有些人會說「不好意思，如果我有再提醒你一下就好了」。

明明錯不在自己，卻絕對不脫口而出「我明明就沒錯」。

這些人的工作目標是「收到正確的商品」、「會議順利進行」，而不只是「正確下單」或「正確寄出開會通知」。他們看得原本就比較遠大。

所以當事情發展不順利時，他們只會說「自己還可以做什麼」，而不會擺出受害者的態度與口吻。

只有這種眼光遠大的人，才能萌發使命感，最後成為英雄。

相反地，只會說「我明明就沒錯」、「因為」、「反正」的人，眼光就自然短淺。

只要把「我明明就沒錯」，改成「如果我有這樣做就好了」，這樣的說話習慣自然可以讓你自己看得更遠。

跳脫出負面循環

順帶一提的是，「我明明就沒錯」、「因為」、「反正」的口頭禪，大多來自媽媽。

當小孩失敗時，如果媽媽不對小孩說「我不是早就跟你說過了嗎」，而對小孩說「媽媽如果也更〇〇一點就好了」，小孩自然就會學著這麼說，即使面對媽媽的失敗，小孩也會說「如果我有這樣做就好了」。長大成人後養成這種說話習慣，將來自然會創造出英雄。我說的是真的。

如果做媽媽的人現在有在看這本書，請你務必這麼做。

不過如果媽媽教育你的方式，就是「我明明就有〇〇」、「我不是早就跟你說過了嗎」，也不要記恨媽媽，因為她也是這樣被教育長大的。其實只要你默默地跳脫這個負面輪迴就好了。

會說「如果我有這樣做就好了」的人，他已經用自己的心境，主導了當下的局面。正因為他是那個局面中的主導人，才能說出這種話。

就算只是小孩子，當他說出這種話時，其實他的心境就有如要讓家庭自然圓滿的演員。我兒子在我搞丟他考試的重要文件時，一句責備的話都沒有，只是這麼對我說，「因為那個時候媽媽實在很忙吧。如果我等媽媽忙到一個段落時，再拿給妳就好了」。

從小我兒子就是家中的管家公，可能是因為他有一個習慣走到哪丟到哪的媽媽，他已經習慣幫媽媽收拾殘局。但是聽到他說的那句話，我心中還是感動到無以復加。

在職場上會說這種話的人，不論他的位階高低，他都是當下的主導人，也自然會成為周圍的人的心靈依靠。所以千萬不可以小看一句話的力量。

事情發生時會說「如果我有這樣做就好了」的人，在不需要說這句話的時候，亦即萬事順利的時候，很自然地會感謝對方。所以有這種口頭禪的人，也常常會把「我真是太幸運了，周圍有很多貴人」掛在嘴邊。

老是早別人一步做事，又懂得感謝別人的人，絕對不會被人忽視。有這種口頭禪的人，自然會成為大家喜愛的對象，然後平步青雲。

另一方面，只會說「我明明就沒錯」的人，認為事情順利是天經地義的，當然就不覺得需要感謝別人。

社會人士最大的不滿，就是感到「對我的評價不公平」的瞬間。看到同事比自己受重視，就會陷入嫉妒的苦海。

為了不讓自己掉落這種地獄，請你一定要記住以下這件事。「評價一個人」的基準，其實並不是工作成果，而是你是否能自然地脫口說出，讓自己成為當下主導人的話。這種「無意識的效果」其實非常驚人，千萬別小看小小一句口頭禪。換個角度來說，一句口頭禪可是會改變一個人的一生。

培養可以得到對方信任的眼神

當你看著對方時，你看的是他的臉部表面嗎？

如果是，當兩人視線交會時，你會不會覺得不好意思？

當你和別人面對面的時候，請用你的眼神看穿他的臉部表面，深入藏在頭蓋骨後方的內側。

這種感覺就好像是照相時，不看相機鏡頭，而是看向相機後方的攝影師一樣。

這麼一來，你的眼神自然會變得深邃，也會更為上相。

當有人用這種能深入頭蓋骨內側的眼神看著你，你就會產生錯覺，好像他的眼神可以深入你的內心一樣。進而產生「他懂我」的感覺。

有這種眼神的人，很容易在第一次見面時，就得到對方的信任。

很有趣的是在人的腦中，一個人的心情會打造出他的行為舉止，可是反過來說，行為舉止也會影響一個人的心情。

就算你心裡沒有在想他的事情，可是只要你用這種眼神盯著他看，自然就會了解他的心情，覺得自己可以包容他。

由心情切入也好，由行為舉止切入也沒關係，結論就是要追求為他人著想的深邃眼神。

這樣一來，在開口說話前，你就可以得到對方的信任，自己也會產生想守護對方的心情。深邃的眼神自然會打造出英雄。

做為領袖的條件：讓人感到快樂

有一次攝影大師白川由紀教會我一件事。

「黑川小姐，你認為什麼是做為領袖的條件？」

白川小姐劈頭就這麼問我。

白川小姐年輕的時候就迷上非洲大陸，在非洲各地流浪，拍攝出許多很棒的照片。當我看到白川小姐的非洲照片，心頭為之一震，原來所謂的「色彩繽紛」，指的就是這種感覺！

當時還是膠卷底片的年代。一位年輕的女性攝影師，自行向底片公司交涉，請底片公司成為自己的底片贊助商，然後靠著當導遊的收入，單身踏上非洲大陸的旅程，拍攝出一張又一張的動人照片，這樣的好奇心和使命感……！毫無疑問地，她也是一位英雄！

回到正題。據說當時她常常受到非洲各地部落的邀請，共進晚餐。我很驚訝地問她，「你又不會說當地語言，怎麼知道他們要請你一起吃晚餐呢？」她回我一個充滿自信的微笑，「看氣氛就知道了啊！」在她的微笑面前，我覺得自己問了一個蠢問題。

她進一步如此說明——

每個部落都有領袖。有些部落的領袖就是長老，有些部落的領袖可能比較年輕。有的人高馬大，有的嬌小迷你。有些領袖打扮華麗，有些卻極為樸素。乍看之下好像無法歸類，可是奇怪的是，在別人為我介紹之前，我就已經可以猜出誰是領袖了，而且百發百中。

這是因為只要領袖一走進來，在場所有人的臉上都會浮現開心的笑容。所以我認為做為領袖的條件，應該就是要能讓人開心微笑。

這是多麼動人的一段話啊。

不是因為他積極搶站在最前頭，也不是因為他講話鏗鏘有力，更不是因為他具有比其他人優秀的能力。而是因為他可以很自然地讓別人面帶笑容！

因為工作的關係，我也曾經接觸到許多頂級領袖。的確，他們都能讓周圍的人瞬間露出笑容。就算他是敏銳直覺派，總是說出毒舌意見，讓部屬緊張無比，可是當他一走進房間時，就好像有一道光投射在眾人的臉上。沒錯，那正是大家都露出欣喜臉色的瞬間。

連緊張不已的部屬，都會瞬間露出笑容的魔力。這到底是什麼樣的力量呢？正當我要陷入長考時，突然靈光一閃，我不禁用力拍了一下自己的腳。

原來是「鏡像神經元效果」……！

活用「鏡像神經元效果」

人腦中有被稱為「鏡像神經元」的腦神經細胞。這種細胞在看到別人的表情時，會在腦中重現，是「有如鏡子般的腦細胞」。因為有這種細胞，小嬰兒才得以學會發聲表達。襁褓時期的小嬰兒，看著對自己說話的人的表情，然後在腦中重現模仿，因而學會發聲表達的方法。

長大成人後這項功能還是存在。如果你面前的人笑得很開心，你很自然地會受他影響，露出笑容。如果你面前的人扳起一張臉，你的情緒也會受到影響，高興不起來。腦是非常有趣的器官，表情顯示出人的心情，但同時表情又會影響人的情緒。就算沒有什麼值得高興的事，只要受到他人影響露出笑容，我們自然也會高興起來。相反地，明明也沒什麼特別不滿意的事，如果跟嘴角下垂的人在一起，我們的心情也會悶悶不樂。

所以笑容滿面的人總是會一帆風順。因為他們會帶給周圍的人朝氣和開朗的心情。這麼一來，周圍的人也會充滿幹勁，積極向前。

因為幸福，所以面帶微笑。可是也因為微笑，你會變得更幸福。

因此英雄絕對不可以和嘴角下垂的人混在一起。不爽的表情會吸引周圍更多的不滿，所有的事情因此窒礙難行。要做大事，有崇高使命感的人，沒時間搞內耗。

夫婦和戀人之間，很容易受到另一半的表情影響，所以我不建議大家挑選愁眉苦臉，或憤恨不平的人做為伴侶。不論你是男性或女性，如果希望你的另一半飛黃騰達，自己就一定要保持愉悅的表情。如果想培育出英雄小孩，當媽媽的人更應該常保歡樂。

沒錯。能讓周圍的人快樂的領袖，正是因為他在進入房間時，面帶愉悅的表情。不論是哪一種領袖，都是用充滿喜悅的表情進入房間。就算他們沒有真的露出笑容，就算他們的表情奇妙，不過在臉皮下方的表情肌是在笑的。

這就是領袖的秘密。

帶著使命感走在人生道路上的人，自然就會走在大家的前頭。做為一位領袖，最簡單的手段就是永遠面帶愉悅。很奇妙的是，世界上的領袖們，不論是在低語「被擺了一道」時，或是生氣怒吼出「王八蛋」時，亦或是碰上緊急事態時，都是以愉悅的表情迎向各種狀況。雖然不是真的在笑，但卻散發出光芒。所以周圍的人才能沉穩地積極向前。

這樣的表情可以讓人更認知到自己的使命，比嘮叨碎念更有效。所以早上出門時，就讓自己帶著喜悅的心情出門吧！媽媽要送家人出門時，也不要露出暗陰的臉色，別口出抱怨牢騷。這一切都是為了家人，希望家人更為活躍，並且平安回家。

餞行篇。

Chapter 5

Book for Heroes

我想對你們說的話，差不多都說完了。

接下來就只剩下餞行的話了。

我的人生到目前為止，共聽過兩次餞行的話：第一次來自我的父親；第二次則來自公司的老闆。

日語中「餞行」這個詞，據說源自古代的一項習俗：古人要遠行時，為了祈求旅途上一路平安，會把馬牽出來，讓馬鼻子朝向出發的方向。而我所聽過的兩次餞行的話，也清楚地將我的意識目標，導向應該去的方向。

所以我要把這些話轉贈給你們。

收拾好行囊，整裝出發

十九歲時我就離開家裡，一個人住進奈良的學校宿舍。對於在北關東地區的一個小城鎮長大的我來說，等於是我要向西南方，先越過東京，再隻身前往更遙遠的奈良上大學。

當時我剛考取了心目中的理想大學，整個人都沉浸在考上大學的喜悅中，根本沒想到這次出門遠行，就表示除了「返鄉探親」以外，我都不會再踏上故鄉的土地，回到家人的身邊。而且事實上三個月後，我就返鄉探親了。

然而我的父親知道我這次遠行的意義。他知道在人生道路上，這次的遠行就代表著訣別。

所以在我出發的前一晚，父親特別跪坐在我面前，對我吟唱了島崎藤村[11]的詩歌——

訣別　令人難耐
還能造訪這座高樓嗎
朋友啊　請你莫傷悲
快去收拾行囊吧

你那清澈的雙眼
你那鮮紅的雙唇
你那翠綠的黑髮
有緣再見了　別了

父親到底是什麼樣的存在呢？

我想我和父親的關係，比一般的父女關係更為親密。一直到上高中為止，每當酷寒的冬夜，我都會把腳伸到父親的被窩裡，讓父親為我溫暖雙腳。

即使關係如此親密，女兒的眼中還是只有十九歲的未來，絲毫不覺得要離開父親出門遠行，是一件需要傷心的事。這麼說來好像有點無情。

經濟方面也都還可以得到家中的奧援，父親也才四十多歲，正值壯年，意氣風發。也還沒到我會覺得父親很可憐的時候。

但是父親吟詩的歌聲，卻深深地打動了我。

我在第二天展開的人生旅程中，有好幾次都會回想到這一幕。不可思議的是，每次回想到這一幕的時候，通常都是有人看不起我、取笑我的時候。亦或是我自己看輕自己的時候。

11 編註：島崎藤村（一八七二～一九四三），日本詩人、小說家，在日本文學史中具有重要地位，其作品對日本詩歌產生很大的影響。

我那個年代還沒有所謂的雇用機會均等法，職場性騷擾是家常便飯。有一次當我到某公司，要說明我開發的系統時，該公司的人一看到我就暴跳如雷，「竟然派個女人來，你們是把我們公司看扁了嗎？」而且連聽都不肯聽我的說明，就趕我回去了。當然我也曾經因為能力不足，而被人怒罵。

前者是自己無能為力的事，後者是自己努力不夠。不論是哪一種失敗，對年輕人來說都是很大的打擊。每當這種時候，我一定會回到原點，耳邊總是會響起父親的歌聲，「朋友啊　請你莫傷悲　快去收拾行囊吧」。

對於這些毫無來由就看輕我的人，父親一定會比我更為憤怒。父親一定可以了解我內心的痛，並憐憫我。正因為如此，我不能打電話回家訴苦。

可是父親一定懂我的這種想法，卻成為支持我的力量。

……朋友啊　請你莫傷悲　快去收拾行囊吧。

在回程的新幹線中，父親的歌聲迴盪在耳邊，我不禁挺直了腰桿。人生的旅程還很長。趕快整裝再次出發，迎向下一段旅程吧！

我也要把這句話轉贈給你。

拿起本書閱讀的你。要踏上英雄之路的你。受到無理的對待時，內心真的很痛，真的很令人傷心。發自內心為這件事憤怒吧。

但也正因為如此，更要抬頭挺胸。趕快整裝繼續向前吧。絕對不要讓他人的看輕或取笑，成為自己自卑的種籽。

成為優質又能展現特質的人

第二次餞行的話是在我三十九歲時，當時的老闆對我說的話。

三十五歲以後我在一家顧問公司服務，提供行銷和智慧財產開發的諮詢服務，足跡踏遍全日本。

一開始我跟在前輩身邊，邊協助前輩工作邊學習，然後終於有一天，自己也晉升為資深顧問，能獨立作業。到了這個階段，年紀比我大的企業經營幹部會尊稱我為「老師」，我也會嚴正地為他們指出方向。

就在這個時候，老闆把我叫去，送我一句不得了的話——「要成為優質又能展現自己特質的人」。

老闆告訴我，當時我喜歡穿的男性褲裝並不合宜。「現在你要進入領導階層（Executive Zone）了。在這個階層中假貨一下就會穿幫。你明明是女性，不可以把自己裝扮得像個男性。要穿能展現女性特質的套裝。當然，不可以穿得像民間電視台女主播一樣花枝招展。你可以參考NHK的成熟女主播的穿著打扮。可以考慮略帶垂墜感的斜紋軟呢套裝，而且講話的口吻語調要像個成熟的女性。」

「人不能忽視自己優質的特性。不用去模仿任何人，只要做真正的自己就好。」

給女性朋友的話

這句話我要送給兩性朋友，不過針對女性朋友，我想做點補充。

目前日本的女性主管還是很少，所以女性要成為商場上的英雄，就等於是從某個時間點開始，要進入史無前例的領域。

應該如何穿著打扮，如何說話，如何設身處地，這些完全都沒有前例可循，只能自行摸索解答。

這種時候希望妳要記住一句話——

「人不能忽視絕對優質的特殊性。」從我第一次聽到這句話，至今已經過了十六個年頭，我發現這句話真的是不變的真理。

當你進入上層階級時，只要讓妳身為一位女性、做為一個女兒、做為一位母親，這一路走來的累積，開出多彩多姿的花朵即可。

年紀還輕的女性朋友們，也請在這一天來臨前，好好歌頌妳做為女性的人生。如果有機會，就勇敢地養兒育女吧。

世界上的男性，在「媽媽」面前都會矮半截。生養兒女的經驗，勢必成為你的強大優勢。

許多場所的關鍵人物，如果是受到上司信賴、受部下敬愛的五十多歲女性，常常有「老媽」、「媽媽」等暱稱。她們全是身經百戰的職業婦女，和「日本媽媽」的刻板印象完全不搭，而且其中甚至有些人還是單身，也沒有子女。

我想一定是因為這種暱稱，是女性的勳章。

勇敢展現自己

「要成為優質又能展現特質的人」，這一句話就充分表達出本書的主旨。

只有如此，你才能不畏懼失敗，喜愛孤高，擁有自尊心和使命感。

具體表現出你專屬的豐富特質，展現出你身為女性的特質，一步一步地成為英雄。老闆對我說的這句話，讓我有力量做出與眾不同的成果。

如果我也算得上和英雄沾得上一點邊，那都是因為聽了這句話。這句話就像是光芒四射的鑽石，一直在我心中，為我照亮我的道路。

所以我要把這句話轉送給所有的英雄們，不論是男性或女性。

現在開始就要進入上層階級了。假貨是騙不了人的。

追求自我，成為獨一無二的人吧。

因為人不能忽視自己獨一無二的特質。

後記

獻給奮鬥中的你

讓英雄勇於冒險的動力，永遠只有好奇心。

不論是哪一種英雄，都是受到好奇心的驅使，踏上冒險的旅程，然後在使命感支持下，走到終點完成旅程。有些人的旅程真的是一場「旅遊」，但也可能是「思想之旅」、「技術之旅」甚或是「商業之旅」。端視你好奇的方向而定。

對我來說，養兒育女也是這樣的一段旅程。我受到好奇心的驅使，踏上「養兒育女」的旅程，而在使命感的支持下，我完成了這段旅程。

身為人工智慧的開發人員，有一天我突然非常想自己生養一個有血有淚的小孩。等到小孩真的生出來了，我完全折服在小嬰兒的靈魂光輝下。

我本以為新生兒就像一台全新的電腦一樣，應該是無色透明的，可是每一位在新生兒室中的新生兒，都有強烈的個性，而且好像各有自己的意志。

當下我終於知道，人的意志是與生俱來的，不是父母親可以左右的，更別提要用人工方式打造了。我只能祈禱，希望上天交付到我手上的這個靈魂，能不被扭曲地長大成人進入社會。可是其實這個靈魂，根本不是可以任我揉捏的軟弱東西。

結果我唯一做的事，就是讓他三餐飽足。我也沒讓他去上補習班，也沒讓他去學才藝。因為我覺得對他的腦來說，這些都不是必要的。我想自己沒有才能養出一個多才多藝的小孩。

我不知道我的兒子，對我這種養育方法，有什麼評價。不過是他自己選擇要做我的小孩的（對，兩歲的他這麼說過），所以隨便他怎麼說，我都不會在意。

對於即將步入社會的我兒，我想對他說，「如果媽媽的存在，讓你覺得好像會制約你的腦，那就果決地捨棄媽媽吧。如果真是那樣，你可以不用再回到這個家來」。如果他真的就此一去不回，或許也表示我的育兒做法，還算成功吧。我打算像當年生下他時一樣，用必死的覺悟說出這句話，我想他也會真摯地收下這句話。

其實他早就已經踏上自己的冒險旅程了，現在媽媽的存在對他來說，應該早就不具威脅，沒有捨棄的必要了。

不管會不會被捨棄，我都會用這句話，為自己「做為母親的冒險之旅」劃上句點。這段旅程真的是最棒的旅程，我覺得自己也真的是這段旅程中的英雄無誤。就算別人沒發現，你也可以是英雄。

連養兒育女都可以是冒險之旅，所以人生的每一段旅程，都可以是一場冒險。只要能把人生變成一連串的冒險，任何人都可以成為英雄。

要將平凡的人生化為冒險，唯有好奇心。

對於年輕人的好奇心，不論多麼渺小、多麼無厘頭，我都感到愛不釋手。或許應該說正因為如此，特別愛不釋手。

身陷逆境的時間越長，我越覺得這個人才是真正受到上帝眷顧的人。

好奇心和逆境建構出的腦部感性地圖，是至高無上的。擁有這種腦的人，甚至可以改寫歷史。

看到《英雄之書》這種自大的書名，還願意拿起來看看的你，已經有充分的好奇心。你已經是英雄了。接下來，就是培養經得起逆境考驗的天真爛漫力，以及一步一步前進的開拓力。我相信看完本書的你，一定已經知道該如何做了。

我由衷喜愛踏上冒險之旅的你。也祝你好運。

本書得以出版，要特別感謝出版製作人平田靜子和Poplar出版社總編輯碇耕一。我原本還在猶豫，認為《英雄之書》算不上一本值得出版，可以公諸於世的書籍，不過身為職業婦女前浪的代表平田靜子小姐，用她的爽朗果決推了我一把。碇總編則回應了我們的努力，才能讓這本不媚世隨俗，完全符合我心中所想的好書得以問世。

此外，在此我也要特別感謝才華洋溢，目前正走在英雄之路上的舞者平川賢志。他悠然自得的靈魂和華麗的舞姿，讓我得以窺見新英雄的風貌，在本書執筆期間，給了我無數的啟發。

最後我要用一首詩和本書，一起送給即將步入社會的我兒。其實仔細想想，我一點也沒有必要這麼做，因為我兒絕對不會看我的書（苦笑）！

如果讀者當中，也有剛剛步入社會的新鮮人，我也要把這首詩獻給你們。

〈給即將步入社會的你〉

就算被人背叛，我也不怨恨。

我只會對自己給人背叛的機會感到悲傷，

並爲他人著想，小心不影響其他人。

就算得不到認同，我也不會因此受挫。

因爲我不是爲了得到別人的讚美而活。

當你能這麼想，

時代的風自然就會朝你吹來。

才華洋溢的人的眞實，人們無法理解。

因爲所謂的才華，就是別人所沒有的感性。

然而人們可以憧憬的才華。

因爲對於超出自己理解的存在，人們會冷漠地推開。

但即使如此，人們還是不禁會憧憬能深入荒野、孤高的人。

人可以選擇自己的人生，是要受世人所愛，或是被世人憧憬。

以腦的結構來看，這兩者是魚與熊掌不可兼得的關係。

這本書正是爲了選擇後者人生的你而存在。

當你一來到人世，你就是這個世上獨一無二的存在。

這個世間就是你的腦看見的虛擬實境。

這是屬於你的冒險故事。

即使故事的設定看來很平凡，不過是個在小鎮出生的人生，

但一切都取決於你自己的腦。

沒有人可以幫你決定。即使是上帝也不行。

所以我希望爲你保留。

爲你保留成爲傳說的英雄們的腦，到底具備什麼樣的資質。

五十多歲的我應該沒有機會見證你所創造的傳說。

但是我堅決相信。

你一定會在屬於你的場所，創造出屬於你的傳說。

正因爲你決定無畏孤高，而拿起本書。

所謂的英雄，是世人對於無畏孤高的腦的讚美之辭。
而不是對於成就的讚美。
所以你已經是一位英雄了。

社會的確嚴峻。不但像荒野，還有巨浪。
有時還充斥著不可饒恕的惡意。
有時愛的背後藏著有毒的荊棘。
可是既然是冒險故事，這些波折都是不可或缺的。
這麼一想，你會不會心癢難耐躍躍欲試？
出發吧！讓英雄之書陪你進入社會的染缸。
因爲勇者無懼。

不論處在人生中的什麼局面，你自己的腦都知道該怎麼做。

這本書一定會引領你的腦成爲這樣的腦。

爲幸運的你

獻上感性學的《英雄之書》。

黑川伊保子

人生顧問 237

英雄之書：觸動日本成千上萬年輕人，改變自我的人生開創法則

作者——黑川伊保子
譯者——李貞慧
主編——林芳如
責任編輯——劉璞
行銷企劃——廖婉婷
美術設計——杜寬
內頁排版——黃庭祥
董事長——趙政岷
總經理——
出版者——時報文化出版企業股份有限公司
10803台北市和平西路三段二四〇號七樓
發行專線——（〇二）二三〇六—六八四二
讀者服務專線——〇八〇〇—二三一—七〇五
（〇二）二三〇四—七一〇三
讀者服務傳真——（〇二）二三〇四—六八五八
郵撥——一九三四四七二四時報文化出版公司
信箱——台北郵政七九～九九信箱
時報悅讀網——http://www.readingtimes.com.tw
法律顧問——理律法律事務所 陳長文律師、李念祖律師
印刷——勁達印刷有限公司
初版一刷——二〇一六年七月二十二日
定價——新台幣二五〇元
⊙行政院新聞局局版北市業字第八〇號

國家圖書館出版品預行編目資料

英雄之書：觸動日本成千上萬年輕人，改變自我的人生開創法則 / 黑川伊保子著；李貞慧譯. -- 初版. -- 臺北市：時報文化, 2016.07
面； 公分. -- (人生顧問)

ISBN 978-957-13-6715-6(平裝)

1.生活指導 2.思考

177.2 105011423

ISBN 978-957-13-6715-6
Printed in Taiwan

EIYU NO SHO
Text by Ihoko Kurokawa

First published in Japan in 2015 by POPLAR Publishing Co., Ltd.
Traditional Chinese translation rights arranged with POPLAR Publishing Co., Ltd. through FUTURE VIEW TECHNOLOGY LTD., TAIWAN.